有問題的不是你，而是你的工作

看見5個轉職訊號，4步驟終結內耗，拿回人生選擇權

Job Therapy

finding work that works for you

Tessa West

泰莎・韋斯特——著

吳文瑾——譯

高寶書版集團

本書謹獻給我的家人——傑伊、瑪蒂、傑克和安妮；我的母親薇琪；以及我的兄弟賈斯汀——他們在我寫書的期間一直支持著我；

也獻給昆西．皮亞特，他的專業知識對於本書的完稿影響深遠；

也要獻給我的學生，他們的創造力和用心每天都鼓勵著我；他們的研究成果也是本書大部分想法的重要基礎。

目錄
Contents

前言

多數人在一生中的某個時機，會開始懷疑所選的職涯是否適合自己。對某些人而言，在抱持些許無奈去上班數月甚至數年後，就會產生這樣的懷疑。工作上沒什麼特別的事發生；也不會因為從事高壓職業如企業法務或餐廳老闆等，而面臨早上起床時驚出一身冷汗，發現自己犯下彌天大罪的窘境。但有一天，你卻發現已經不認識自己現在的樣子了。你的工作雖然改變了你，卻沒讓你變得更好。

對另外一些人來說，日常工作就像坐雲霄飛車一樣刺激；一下覺得壓力大到不堪重負，下一刻卻又能馬上恢復冷靜。感覺就像站在流沙上，連老闆的嘲諷挖苦都能讓你懷疑自己對工作的貢獻。但這份工作很穩定，你費盡心力才成功入職，所以你只會消極地隨便看看徵才廣告，實際上卻不會真的去應徵其他工作。

我們對職涯的感受，正如親密關係帶給我們的感覺一樣豐富多樣。時而覺得嫉妒或不滿，有時又感到矛盾與期待。但若要做出可能會改變人生走向的職涯選擇，我們通常不會根據感受來做決定；情況恰恰相反，我們或職場專家在討論換工作時，重心通常會圍繞在結構面的實際決定。比如：我想要遠距工作還是到公司上班？我要去信任的新創公司求職，還是選擇一份穩定完善（但無聊透頂）的工作？

與職場負面情緒或轉職有關的多數傳統職涯建議，往往都會聚焦於實際面向。但在職業治療時，我決定採用不同方法，並**注重人們的感受和他們與職涯間的心理關係**。

身為紐約大學的心理學教授，我是人際關係與溝通的行家。同時，我也是社會科學家，研究人們在不同社會情境下使用的語言，不論是工作協商或醫病間的互動都在研究範圍之內。除了做研究，我也會將溝通的專業知識加以應用，協助數百位個案解決職場衝突。我的第一本書《累死你的不是工作，是有毒同事》中，就會教你在面對同事和老闆之間劍拔弩張的互動時，該如何運用關係療法中的錦囊妙招化險為夷。替本書收集調查資料時，我訪問了數千位員工他們的職涯發展，並訪談在過程中遭遇困難的員工，我注意到了兩個令人震驚的事實：

- 工作時感到不快樂的背後有更深層的心理因素，並非我們通常會關心的原因（像是對工作沒興趣或過度勞累）。
- 人們用於形容對工作有何感受的語言，和用來形容對另一半有何感受的語言大同小異。

約莫兩年前，那時我們都還在奮力掙脫疫情的束縛，我發現與別人聊到工作時，話題走向都是過去未曾經歷過的。當時我曾與一位員工談天，別人都說她「搶走」其他同事的工作。原本的聊天話題是關於令人擔心的人際關係互動，但很快就轉為更深層的未解難題：她覺得自己做了所有該做的事，希望能搶佔先機，但升遷的機會卻依然從手中溜走。我也曾和另一位員工聊天，她的老闆在誠信方面有問題。一開始我們的聊天內容是：「該如何保護我的點子不被偷走？」但後來她告訴我：「我不曉得這份工作現在賦予我的意義，是否仍像以前一樣。」

和我聊天的對象一開始提出的問題，表面上看來都能解決，或者他們也會談到自己身陷某種特定狀況或關係之中；但話題很快就會擴展到更大的整體層面，以及他們與職涯相關的深層內心掙扎。他們面臨的不僅僅是慣老闆與尖酸刻薄的同事，而是**更深的困境**，我可以從他們使用的語言中察覺到這些。他們談論的不單只是職場關係，更是在講述**自己與整個職涯之間的關係**。

我很好奇其他職場專家是否也觀察到了這點，所以我拜訪了麥肯錫健康中心的共同負責人賈桂琳・布拉西（Jacqui Brassey），同時也是研究員兼《刻意冷靜》（*Deliberate Calm*）的作者。她在職場變化這方面的消息十分靈通，不僅掌握了我們目前已知的結構問題，也十分了解背後的心理因素。她告訴我，她不僅注意到許多人對工作和職涯感到不快樂，同時也發現這些人迫切想找到背後原因。她也覺得這一切充滿矛盾：人們陷入兩難境地，一方面渴望掌握未來走向，導致他們傾向選擇更傳統的職涯之路；另一方面卻又想打破傳統框架。

在我們的對話過程中，她使用了「大覺醒（big awakening）」這個詞彙，並頻繁運用「對新經驗的開放心態」來描述這些趨勢。有趣的是，我們的談話內容幾乎完全與人們的感受和心理狀態有關，很少討論到混合辦公方式的變化等結構問題，而這類問題現在是專家學者的討論重心。

我所發現的另一個趨勢是，人們用來描述工作與職涯問題的語言，聽起來和描述親密伴侶問題的語言非常相似。語言非常細微精妙，但同時也蘊含許多線索，暗示了人們心中的真正困擾。一些像是「我以前都能了解我男友的想法和感受，但現在他的心思就像被藏在暗箱裡，讓我看不透」這樣的敘述，表現出越來越遙遠的心理距離。

即便像是「我講話時，醫師不和我眼神交流，卻直直盯著我的病歷看」這種間接敘述，也可以顯示出說話者心中對醫療人員根深蒂固的不信任感。我在很多場合都提起過，相較於被問到對未來規劃時的回答，我們對另一半的看法很多時候更能預測未來發展。語言能帶來與人類心態有關的豐富線索，但你得知道要從哪裡觀察。我們常用來描述感情失敗的語言，如不信任與矛盾感，都很常在我的職涯對話中出現，讓我察覺背後有更深層的意涵。

借助心理治療，我們能處理所有類別的人際關係，那為何不套用到你與職業的關係上呢？心理治療能帶來奇妙的作用，它不僅能幫助人們理解想法和行為背後的動機，也能用於開發與潛在另一半展開對話時需要的工具，讓你在一頭栽進戀愛關係前，能先評估雙方是否適合。如同心理治療對於人際關係十分有幫助一樣，**針對職業的心理治療方法，也將讓你徹底改觀，了解為何工作時會不快樂，也能更了解什麼對自己更有價值**。

我們都在跟自己的職涯談戀愛。就像在任何一段關係中，我們都會體驗到情緒起伏，這通常是源於我們無法理解的深層心理原因。職業治療的概念就是，**若要在工作時獲得快樂，第一也是最重要的一步，就是要去了解這些心理問題**。這個職業探索的新方法，可以幫助你更了解自己，也能讓你學到溝通的新策略，不需要再依靠運氣來決定下一份工作能否帶來快樂。

為了了解這些職業追求者，我以過去不曾使用的方式來進行研究。已經有數百份研究在探討現代人對職業的追求轉變（這些人對工作時的快樂感抱持懷疑態度，開始分析新機會），比如想從工作中得到什麼、可以接受什麼，以及有多少人想徹底轉職。過去幾年，職場變化很大，專家也快速記錄了人們的調適方法。

但正如我曾提到的，這個研究無法真正找到工作不快樂感背後的源頭，最多僅觸碰到表層，如過度勞累與工作和生活間的平衡問題。而我疑惑的層面更廣，也更與心理因素有關：是什麼原因，讓我們不再認同自己花費了數十年所追求的事物？我們有多常、又是因為何種緣故破壞工作進度，反而自願去做沒空或沒心力做的事？我們無法升遷的根本原因，有多少是因為本身錯誤（如誤判工作職責），又有多少是因為周遭人事物的缺失呢（如上司沒有足夠能力影響升遷決策）？

為了找到這些問題的答案，首先需要回頭思考，是什麼原因讓人開始懷疑自己與職業間的關係。

在親密關係的研究中，有很多探討離婚風險因子的研究，其中包含了一些催化事件，會刺激雙方產生想離開彼此的念頭。而結構性的事件（如收入突然改變或有了孩子），以及心理考量（如不對等的家務分工）都會讓人感到不受認可，甚至覺得自己是隱形人。而上述情況都是治療過程中介入的關鍵機會。如果你可以察覺到對方正處於這種情況，就有機會協助他們理解這段關係中發生了什麼，萬一真的走到分手這一步，也能帶領他們脫離窘境。

將同一概念套用至你與職業的關係，我第一個目標是想判斷，讓人們考慮轉職的催化事件有哪些。在第一份調查中，我發現有五個關鍵因素會讓人們考慮離職：

1. 覺得自己的職業不同於以往，已不再是自己不可或缺的一部分。
2. 職業變化太大，甚至已經截然不同。
3. 承接太多工作而感到無法負荷，甚至感到無助。
4. 努力爭取工作升遷機會，但卻無法得償所願。
5. 有工作能力與地位，卻得不到認可。

本書章節內容會以這五個因素為主，分別命名為：「身分危機」、「漸行漸遠」、「分身乏術」、「屈居第二」，以及「被低估的明星」等五個類別。每個章節都包含我針對該類別收集的一系列獨家資料。為了讓你更了解自己的狀況，我深入研究這些類別的心理經驗、工作時的行為，以及他們認為目前狀況應該歸咎的對象或原因。而由於本書內容是關於如何再次找回對工作的熱情，或找到適合你的新工作，我同時也收集了招募、升遷與開除員工等負責人的相關資訊。

我訪問了不同產業的工作招募人員以及招募經理；我也與招募專家會談，他們精通如 LinkedIn Recruiter 等的工具；而我也與經驗豐富的主管對談，他們設計了複雜精細的面試內容，專為測試工作上會用到的技能所設計。這些對象讓我了解在訪談過程中，求職者應該要被問到什麼問題（但很少被問）、履歷如何更加吸引人，以及如何建立可以得知內部資訊的關鍵人脈，藉此保有你心中最想要的工作。

在申請與面試過程中，每種類型的職業追求者都會面臨不同困難，從說服招募經理自己能夠做出重大的職業轉型，到如何察覺面試官與最終所屬主管之間的溝通落差都包含在內。為此，每章節都會提供量身打造的建議，可以解決各類職業追求者最常見的困難。

如何閱讀本書

我與別人分享這五種類別後，大家首先最常問的問題是：「我是哪一種？」簡短版回答是：「你測看看就知道了。」比較長的版本是：「答案可能不只一種，大多數人同時會是兩到三種類型。」

這本書的整理與歸納是出自心理學，而非職業類別，所以每個章節並非互相獨立。你可以對自己的職業認同抱持疑惑，也可以同時覺得自己不受賞識。因此我認為，這些類別可以從最相關至最不相關來排序。比如我對職業的身分危機最感同身受，但我有時也感到分身乏術。

在開始進行小測驗，知道自己與哪個類別最有共鳴之前，讓我們先大致了解各類別，以及在各章節所提供的內容。

身分危機

身分危機可能是本書中最令職業追求者卻步的一段旅程。人們往往已花費數月、甚至數年磨練技能，準備大展身手；也具備完善又專業的人脈建立能力，更掌握了職場中的一些潛規則。他們的職業是自我的重要核心，個人與職場生活甚至常常像一張緊密交織的精細大網。但他們卻懷疑這個職業是否適合自己，也會幻想自己是否有機會做點不一樣的、有新意的事情。

職業追求者的身分危機開始萌芽的時刻，通常都是始於小小的自我反省：是否仍覺得舊工作是自己重要的一部分；如果再也不能做那個工作，會不會讓自己感覺很糟？只有在接受自己已失去舊身分後，這些職業追求者才能開始建立新身分。因為他們正要踏入新的未知領域，準備接受一連串挑戰。

你會了解到，該如何與目前工作人脈外的同事建立連結，藉此了解下一份潛在工作的相關資訊，但這些內容卻不會刊登在公司網站上。舉例來說：職場那些隱藏規定，包含身為外部人才該如何成功轉職，或一些你不熟悉，但很常用於履歷和職場日常對話中的行話和縮寫。請把這章節當作建立探索職業技能的起點。

漸行漸遠

我們大多數可能有一種經驗，就是看著另一半或親密好友時思考：「你最近變了好多，我覺得我認不出你現在的樣子了。」現在想像一下，你對工作也有同樣的感覺。

「漸行漸遠」這類人知道如何在工作時感到快樂。他們知道怎麼找到工作的意義、怎麼找到關鍵人脈以獲得協助，也知道自己需要什麼才可以表現良好。但大大小小的變化，一步一步侵蝕他們曾經的確定感。他們對工作的熱愛減退；對自己做好工作的能力失去自信；也有很多人失去嘗試新事物的動力。

這個過程的起因，是開始了解到自己正在經歷的改變範圍有多廣：是整個產業、組織，或更小的單位在改變？如他們的團隊或甚至是上司變了嗎？是因為這些改變，讓事情的感受變得不同了嗎？就像面臨漸行漸遠感情關係裡的所有苦主一樣，他們得捫心自問：「在所有我感受到的不快樂中，有多少是因為我自己就是變了的那個人呢？」

「漸行漸遠」這類型在日常生活中常常面臨改變，像是上司撥給他們的時間改變了，或是組內的同事人數突然增加。這些都是背後的更大改變帶來的結果。若想要了解這些大改變如何影響日常生活的感受，就需要參考特定人士的觀點：這些特定人士規劃大改變，同時也了解這些改變會如何影響人們的日常工作。

我所訪談這些「規劃人士」的看法，對於建立工作必備條件的清單十分重要，而這也與換工作的現實狀況息息相關。針對面試過程，我會告訴你如何探索與決策者和上層主管之間的關係。在不斷變化的職場中，這些關係很容易被忽視，而一些小細節，如未來上司是否也有一同設計（或曾經過目）你回覆的求職廣告，都可以提供具啟發性的答案。

分身乏術

如果你曾感受過必須在喜愛的兩件事之間取捨的甜蜜折磨，比如新城市的工作機會和家鄉的人際關係；或者是折磨程度沒那麼高，必須在兩件很不想但必須完成的事情之間做出選擇，例如把晚餐端到桌上，或完成明天截止的報告，那麼你就會對本章節很有共鳴。

分身乏術的感覺在工作上無所不在，因此我將本章推薦給任何覺得筋疲力竭、超時工作，並因為辦公桌上永遠不會減少的工作山而過度勞累的人。職業追求者開始察覺自己分身乏術，是因回答兩個大問題而起：我是否在工作時承接太多任務，就像同時擔任小組組長，又志願加入新的委員會？我是否太頻繁在不同任務中切換，所以永遠無法完成這些工作？正如我在本章節的研究中學到的，有些人會感到分身乏術，是因為所承擔的角色沒有得到應有的報酬。在某些職場中，這其實是種常態（大家都這樣）；但在另一種職場裡，大家這麼做是因為覺得可以提升工作曝光度，也能更上一層樓。

本章節的主要目的，是協助你了解哪些角色有價值、哪些不值得，同時也協助你建立策略來保護界線。為了幫助不斷切換任務的人，我會提供簡單好用的策略，控制你在開始一件事後又快速切換到另一件事的習慣。

為了讓你未來不要變成分身乏術的職業追求者，本章會告訴你如何成為職場的人類學家；你會了解到，如擁有開放平面圖，或在距離同事不到五十公分的地方工作等細節，都可能增加你再次回到原點的可能性。本章提供的策略不僅針對想離職的人，也很適合所有在日常工作中掙扎的人。請將這些資訊視為你最有共鳴那一章節的補充內容。

屈居第二

不論工作多麼成功，錯失升遷或加薪機會依舊令人難受。沒有人喜歡屈居第二（更遑論第三、第四）的滋味。孩提時代在操場運動時我們不喜歡輸，現在當然也不會喜歡。屈居第二的人們知道自己是誰，也知道方向，但卻陷於一個難題裡苦苦掙扎：我哪裡做錯了？

如果你正好符合我所研究的「屈居第二」這類型，其實你沒辦法直接獲得這個難題的解答：我的受訪者中，僅有百分之七的人明確得知無法晉升或加薪的失敗原因。本章會告訴你如何發揮偵探的能力來得到所需資訊。你會學到如何判斷自己在工作中的地位高低，以及結構性的變化，如職場的「震盪」（讓事情動搖的巨大變化）是否是因你的職位而起。縱使他人沒有明說，你也能了解別人通常會期望你達成的角色和職責。

「屈居第二」這類型的人需要回答的一個重要問題，就是在往前走之前是否需要先退一步，補上工作經驗和職銜的差距。本章會告訴你如何測試某單位是否有要求並接受詳細意見回饋的文化，對於這類型的職業追求者來說，能夠說明回饋流程的的職場文化非常重要，流程必須具體到每日或每週的意見回饋架構。

被低估的明星

你是否曾經覺得自己在一段感情中投入了許多，但卻沒收到相應的回饋？你做了很多辛苦的事，舉凡規劃約會夜晚、出門辦事，也努力保持自己對伴侶的吸引力。但這一切都未受注意，更沒受到重視？察覺自己的努力沒受到伴侶認可會讓人心灰意冷，若發生在工作上也會有一樣感受。

「被低估的明星」這類型，在對公司的付出與收到的回饋之間，會感到一種落差感。這是因為他們非常擅長自己的工作（這類型應該要測試這個假設是否正確），大多數都能獲得獎勵，但往往都不如自己預期。辛勤工作通常會換來更多工作，但加薪與升遷往往都只是空頭支票。「被低估的明星型」的人要達成的首要目標，就是明白真正的競爭對手是誰，以了解自己在市場上的價值。

有策略的人脈經營對這個過程很有幫助。起初大家常會跟其他同事相比較，但需要更進一步，開始與同業人士相比。準備好往上提升自己後，就需要找到一些問題的答案，如：大多數公司真的很重視傑出人才嗎，或其實具備普通水準就足夠了？有很多跡象表明，有些公司招募的是「普通人才」，而非傑出人才，而這可能會是你需要解決的障礙。本章以前四章的策略為基礎，根據先前學到的練習繼續發展，幫助你找到能符合所有期望值的理想工作。

你是哪一類型的職業追求者？

我設計了這個小測驗，目的是幫助你了解自己可能是哪一種類型。閱讀以下題目並勾選你的答案。你可以在以下問題中辨別出這五個類型。以下問題，請以「是」或「否」來回答。

1. 你是否想過離職，並換成另一個截然不同的工作？
2. 你目前的工作是你很重要的一部分嗎？
3. 你曾經熱愛你的工作，但現在已不再喜歡了嗎？
4. 如果第三題回答為「是」，是否想要找一份你曾經很喜歡，和舊工作相似的新工作？
5. 你在工作上是否扮演多個角色？包含不同職銜、或任何額外的角色與職責，如擔任委員會或員工資源小組的一員。若這原本就是你的工作職責，也一同計算在內。

6. 你試著要完成一份工作時，是否發現常遭到打斷？
7. 下班前未完成的工作量是否會讓你有壓力？
8. 你目前是否有工作，但難以升遷？
9. 你是否覺得在其他公司與你表現相似的員工，獲得的報酬比你更高？
10. 你是否覺得自己在工作上的付出沒有受到重視或認可？
11. 現在回想一下你的工作技能。請問問自己：你的各項技能是否很少見、是否對工作表現有正面影響，以及在這些技能上的表現是否比其他人還要出色。你是否至少有一項技能符合以上所有標準？

解答

- 如果第一題的答案為「是」，則屬於「身分認同」這類型。如果第二題也回答「是」，你可能還沒準備好離職，但這章還是適合你閱讀。
- 但如果你第一題的答案為「否」，而第三、四題的答案為「是」，則「漸行漸遠」這章的內容則是為你量身設計。

- 如果第五、六、七題的答案為「是」，則「分身乏術」十分適合你。
- 如果第八、九題的答案為「是」，則你屬於「屈居第二」類別。
- 如果你第九、十、十一題的答案都為「是」，則你很有可能是「被低估的明星」這類別。

哪一個類別最常見？

在來自九個國家、二十二個產業中的四百名受訪者中，有百分之四十一屬於「身分危機」，百分之二十八為「漸行漸遠」，百分之三十五為「分身乏術」，百分之四十二為「屈居第二」或「被低估的明星」。小提醒，你的所屬類別可能會超過一種，平均值是兩種。大多數人的第二種類別是「分身乏術」。

多數人都有多種身分，你可能也是如此。

由於你可能屬於超過一種類別，在這種情況下，該如何使用此書？如果同時身兼多種類型，要以何種順序閱讀章節？我的建議是，從最感興趣的著手。

我將這本書設計為使用何種順序都能閱讀。意思是可以從最有共鳴的章節開始讀起，然後再回去讀其它章節。可以把本書想像成擁有多個平行世界的遊戲，不需要按照順序來遊玩，體驗到的冒險會截然不同，當然內容和設定也有所不同。不過各個世界的等級會以同樣的方式來建構，也都依循同一套規則運作。

為此，本書各章架構可分為四個階段：

為什麼我在這裡不快樂？
運用自我評估工具來辨識出不快樂的心理源頭

▼

我理想中的未來職業是什麼樣子？
了解要與誰建立人脈，以及在新人脈中要詢問什麼問題

▼

開始查證事實，確認這個職業是否適合你
了解在面試過程中要問哪些問題

▼

找到你熱愛的工作
了解如何設計履歷，並在面試過程中提出適合問題以得到工作機會

各章節都會從第一階段開始分析：了解為何工作時不快樂。本階段包含一系列的評估條件，藉此深入探討該章節敘述的職業追求者類型背後，存在著何種心理學機制。第二階段會聚焦於你所希望的未來職業樣貌，主要在開始求職前進行。在多數章節中，本階段的大部分重點在於需要與誰建立人脈，並透過人脈詢問在公司網站上不易找到答案，需要更深入內部才能得到解答的問題。第三階段是關於如何測試與判斷這個職業是否適合自己，主要聚焦於求職和面試過程。我根據與招募人員和經理的訪談，建立了一份可參考的問題清單。第四階段與保有工作機會有關。通常這個階段會和第三階段同時進行。主要會聚焦於如何包裝技能而不過度渲染，以

及在面試過程中要如何提問，以展現你對這份工作的渴望程度。

你可以在不同章節之間切換，比對自己所處的階段，例如也許你在某個階段處於「分身乏術」，而在另一個階段處於「屈居第二」的狀態。閱讀本書時，你只需做出一個最實際的決定：是否想要換成一個截然不同的工作，或僅想要固守現有的職業？如果你發現自己是「身分危機」這一類型，你可能正在考慮離職，然後去嘗試一些不同的事物，所以我建議你可以從第一章開始閱讀。你也可以從任意一處開始閱讀本書。

泰莎的壓力測試

在閱讀本書之前，需要先了解工作中的哪些情況會激起壓力。我發現讓人工作不快樂的事物，通常都微小又易忘，但會隨著時間逐漸累積。我們很容易忘掉每日的壓力因子，如通勤時卡在軌道上的列車害我們會議遲到，或是與家人吃晚餐時還在思考的未完成待辦清單都是。通常直到數日、數週過去了，我們開始睡不好甚至不小心感冒，才會察覺這些因子帶來的影響。

我偶爾會參考這個壓力測試，你可以每天都花一點時間做一下這個簡單的小測驗，藉此了解你生活中最大的壓力因子是什麼。我和社會心理學家艾米・戈登（Amie Gordon）博士一起設計了這個測驗。她是評估人類日常經驗的專家。根據艾米的觀點，需要記錄下來的關鍵，就是每天你認為會帶給你壓力的事物，以及在一天的最後，寫下帶給你壓力的實際事物。

這兩次記錄通常都會有很大的差異，但如果我們僅憑自身記憶，很容易會被她所說的「尖峰經驗」拉走，也就是我們可以清楚記得、令人備感壓力的大事件，例如一場很重要的演講。但如果看看人們的每日記錄，其實我們最害怕的事物並沒有那麼糟。反之，人們通常沒有預期到的事件逐步累積，帶給我們的壓力比我們察覺到的還要大。艾米也對這樣的頻率感到驚訝。

每日壓力測試

在一天的開始和結束時，想想那些會影響你的事件，那些讓你感到不開心、有壓力、生氣、無聊、挫折、無法承受，或只是在忍受某件事，希望接下來能順利一點的那些片刻。花幾分鐘想想這些時刻，然後回答以下問題：

早上：思考問題

- 你今天最擔心會發生的事情是什麼？

晚上：描述事件

- 事件發生時是幾點？
- 你當時在哪裡？

□在家 □在工作 □在休息 □在放鬆 □在出外辦事

□旅行 □其他

- 你跟誰在一起？（請勾選所有符合的選項）

□沒有人　□陌生人　□同事　□朋友　□自己的孩子　□另一半

□其他家人　□寵物

- 這個事件是否和你早上最擔心的事件一樣？

□是　□否

- 對你來說，這件事情的發生頻率為何？

□第一次　□之前發生過一次　□之前發生過好幾次　□常常發生

□總是發生

- 從早上就開始擔心的這個事件過程中，你的感受有多正面或負面？

□不太負面　□有點負面　□中性　□有點正面　□非常正面

□這件事沒有發生

- 對於你今晚記錄的事件過程中，你的感受有多正面或負面？

□不太負面　□有點負面　□中性　□有點正面　□非常正面

我從做了壓力測試的人們身上學到什麼？

有五十名受訪者接受測試，結果很令人驚訝。

一開始，人們在早上預期會變成整天最糟的事件中，大約有半數到了晚上不會被記錄下來。平均而言，大約有一半事件的結果如預期一般負面（百分之五十二）。另外有些是正面的（百分之二十）、也有些是不好不壞（百分之十六），或發現這些事件根本完全沒發生（百分之十二）。結合艾米的經驗，通常這些預期的壓力因子都沒有想像中那麼糟。

在一天結束時，記錄的大多數壓力事件都發生在職場（百分之六十六），接著是家庭當中（百分之二十二），這完全不令人意外。雖然這些事件的結果十分負面，有百分之八十四的人將其記錄為至少中等的壓力，但是也相當常見：工作超過期限、無法準時完成任務、急著完成待辦清單中的所有事項，以及會讓人成為「分身乏術」這類型的一切事項。

對於預期以外的壓力，我們的處理經驗為何？

再來就是事情變得有點令人驚訝的地方。這些事件並不是偶然發生。大約百分之七十二的人至少曾經歷過「預期外的壓力」數次，而在這些人之中，又有百分之三十四的人常常有這個經驗！對我們來說，這些帶來最多壓力的事件往往最常發生。但為什麼我們無法預期？定期出現的壓力會讓你變得不敏銳；你再也無法將身體的生理模式視為壓力反應。這感覺有點像是每晚與配偶為了下個月的帳單如何支付而爭吵。你太常經歷這件事了，所以就無法察覺自己的血壓在晚上八點到十點都會飆高二十分鐘。每晚都會。

想要了解哪一類型的工作會讓你心跳飆速，我推薦你每天做這個壓力測試，至少持續數天或一週以上，更全面了解你的壓力狀態。請注意，得到的答案可能會讓你很驚訝。你可能會發現，儘管為同事收拾殘局是你的日常，但這居然也是你每天的最大壓力來源。但好消息是，一但你了解了工作壓力如何觸發，就能在第二、第三階段開始提問，以得知你是否能夠良好適應該職場的壓力。

在開始前的一些小提示

在你開始正式閱讀前，無論你屬於哪一種類型，都有一些小技巧能讓尋找新工作的過程變得更加容易。其中有兩個重要的技巧：我接觸陌生人時該說什麼？有策略地應徵工作的最佳方式為何？

我接觸陌生人時該說什麼？

在職場中，人脈就像呼吸一樣重要。我面試的所有招募專家都強調了人脈對獲得工作的重要性，不論是明天或十年後都是如此。這本書的每個章節都會提供你特定建議，讓你了解該跟誰建立人脈，以及在對話中應該要問哪些問題。但除非你認識對方，要說出「你不認識我沒錯，但我們有沒有機會聊聊你的職業？」這句話真的很尷尬。為了了解如何提高與陌生人談論職涯的意願，我訪問了四百名受訪者，好消息是，有百分之五十一的人表示自己可以聊，但需要在特定狀況下才會願意。

所以如果有共同人脈，這樣最好，但也不需要是真人之間的聯繫；同屬於相同的社群媒體也有幫助（如 LinkedIn 或其他職場網站的職業群組）。

透過電子郵件或 LinkedIn 與對方聯絡（但不要透過個人社群媒體帳號聯絡），並在訊息中告訴對方你是如何找到他們的，才不會看起來像垃圾訊息（如：我在搜尋理工相關工作時找到你的資訊）。請提及一些他們個人的事情（像是：我有注意到你大約五年前在某某公司工作），並提供你想提問的問題清單（我建議以列點方式撰寫，保持簡潔），並詢問是否可以小聊十五分鐘，在 Zoom 上或手機通話皆可。不論你是以什麼方式邀請，請不要在他們回覆之前傳送行事曆邀請，也避免要求一小時的通話時間。大致就是這樣！依循這些基本的步驟，就可以順利建立全新又豐富的人脈。

有策略地應徵工作的最佳方式為何？

在我與招募經理和招募人員的對話中，有一件事情獲得了他們集體同意：求職者都同時應徵太多工作了。

RecruitingDaily.com 的總裁兼網紅威廉・錫卡（William Tincup）直言：「如果你同時應徵一千份工作，一定會失敗。」現在大量應徵工作非常輕而易舉；只要按一個按鈕就能完成。但在多次嘗試時，往往會跳過最困難的步驟：根據職缺描述來量身打造我們的履歷、與目前的員工聯絡以深入了解公司，甚至親自造訪公司網站以了解公司業務。

我訪問了兩百位負責徵才的人：「在應徵工作時，求職者應該……？」並列出一系列的實踐方式。以下是最推薦的五種，並附上支持者的比例：

- 向各個工作寄送量身打造的履歷（百分之九十一）
- 在履歷中提及你對公司的貢獻（百分之八十六）
- 附上所有證照、學歷，以及會使用的語言（在這三件事介於百分之八十三至百分之九十四之間）
- 使用量身打造的求職信（百分之七十三）
- 在履歷中使用符合職業敘述的單字或短句（百分之七十二）

具備這些秘訣後，就可以準備啟程了！祝你旅途愉快。也請記住，在閱讀本書時，將壓力測試的結果放在手邊。因為**找到符合你職涯需求的工作，與找到讓你能夠穩定控制壓力狀態的工作一樣重要**。

第一章　身分危機

☑ 我以前覺得這份工作是為我量身訂做的，但我現在不再這麼想了。

我和提摩西面對面坐下，他是一位科技專家，已經在同一間公司工作了八年。準備這場訪談時，我告訴他，我認為他應該會是「身分危機」這章節最適合的訪談對象：花費數年磨礪技能，但對職業抱有矛盾想法，有時甚至考慮離職。

一開始，我懷疑自己的判斷是否正確。他一出大門就告訴我：「我知道這章的內容，但我覺得我不是理想的訪談對象。」他也說：「從高中時期，如果別人有技術問題需要找人解決，通常都會先想到我，」然後滿懷熱情地繼續說道：「科技是社會各項功能的基礎。」

如果提摩西想要反駁我的假設，試圖說服我相信他還是全心投入工作，那他非常成功。此外還有個小問題，他並沒有計劃要立即離職，甚至也沒有真的開始找新工作。

但在四十五分鐘的對談後，我十分確定提摩西的確在質疑自己的身分認同。他的言談中帶著矛盾感，完美體現了「身分危機」這類職業追求者的複雜狀態。這類人並不會忽然就改變對於職業的投入，也就是說，他們不會在前一天還是工作狂，隔天突然就低調宣佈要離職。他們對工作同時又愛又恨，感受很混亂，通常需要一長段時間來消化或處理。

對於提摩西來說，大多數的混亂感來自他和公司的複雜關係。和許多公司的狀況一樣，提摩西的辦公室散發著一種低迷無力的氣氛，就像病毒一樣在職場傳播。人們不再去辦公室了，而他的工作卻無法完全遠端進行（例如：會議室裡的技術裝置需要親自去設定，也就是需要有人實際去接線以及檢查軟體等），因此很容易發生錯誤，而很多同事不是離職，就是被解雇。提摩西雖然自豪於沒有受到這種低迷無力的氣氛影響，但還是離開這個工作，去找尋更好的發展機會。他希望可以和能為職場帶來活力的同事一起共事，或至少願意來辦公室的人也能接受。

但是當他調至公司的不同分部、搬到不同的大樓後，他發現身邊的同事更低迷、更沒有動力。所以他突然意識到，似乎所有資訊工程的辦公室氣氛都是這樣子的，以往技術專家還具有熱忱的時代已經一去不復返了。

一些微小的線索讓我查覺到，他開始懷疑這種現實會如何影響他深愛科技業的身分。他隨意地談起了其它選擇，像是搬到其他州，在高等教育機構工作（這需要再回學校進修）。當我問他是不是認真想要換工作時，他沒有正面回答，而是說：「等我老了之後再說吧。」

在我們的訪談中，我觀察到提摩西在兩者之間擺盪：夢想著更換其他職業，或在原有職業繼續升遷；是要完全重頭開始，或得到他一直夢寐以求的升遷結果。我認為，提摩西身處「身分危機」的初期階段，可能已經有些跡象，但還沒完全進入此階段。還是有足夠多的美好經驗讓他願意繼續回來工作，但他最終還是懷疑，曾經引以為傲的科技工作是否仍然適合自己。

而其他受訪者已經面臨「身分危機」更長一段時間。蘇珊是由教授轉職的 UX 研究員。她在下定決心要轉職的幾年前，有著與提摩西非常相似的經驗。她當時在某間大學獲得終身教職，也全心投注於學術生涯。但在疫情期間，她的工作變化巨大，變成了她不再認識的樣子。這期間的經濟衰退也導致裁員與非必要的改變，由上而下帶來影響，比如她通常任教的課程重新指派給其他教授。隨著這些改變出現，她也發生了自己沒有意識到的變化：忽然間失去自我效能感。不論她多麼認真工作，感覺這些都不再重要了。雖然她一直是人生勝利組，但周圍的變化開始逐步侵蝕她的自信心。她告訴我：「即便我人生中已經達成很多成就，也對這些事情引以為傲，但我還是不確定自己有什麼價值。」

蘇珊讓我了解到，不是工作失敗的人才有身分危機。很多處於過度期的上班族，就像蘇珊和提摩西都表現良好，但這些辛勤付出都無法獲得他人認可，或**這些認可已經無法再讓他們肯定自己，已經無法再藉由工作感到快樂**。

當蘇珊開始感受到，從事教授這個職業不再是她身分認同的重要部分後（雖然這花了她很長的時間與大量人際往來才終於釐清），她就開始有條理地規劃自己的轉職。事實上，我推薦你執行的很多步驟，靈感都是來自蘇珊的歷程。她花時間與學界工作以外的人互動，了解如何以不同方式包裝技能，結果通常都會讓她感到新奇。她也了解了以內部人士身分說話的方式和時機，這幫助她開拓全新的職涯身分。而她也學到了哪些行話和縮寫適合用於履歷。這些點點滴滴的小新知不斷累積，最終幫助她獲得夢想職業。

「身分危機」是什麼意思？

本章內容並不是關於害怕投入於單一職業的人，或不介意在職涯探索之路上經歷波折的人。與此相反，這是為那些全心投入的工作者所設計，他們多年來一心想在某個職業獲得成功，也認為自己的個人身分是由職涯所塑造，更不會在衝動之下就離職。他們的身分是建立於所從事的工作或職銜。其中許多人已經工作了很長一段時間，早就脫離了可能遭到淘汰的時期；而也有些如蘇珊和提摩西這樣的人，具備令人稱羨的技能。他們已經爬上人生的事業巔峰，但是心中卻悄悄生出懷疑。

下定決心離職非常困難，甚至可能是在本書提及求職者會面臨的所有阻礙中，最困難的一個。這可能會影響你在工作以外的人際關係，特別是如果你現有的工作有不錯的薪酬，而有人需要依賴你過活時更是如此。蘇珊起初的決定受到她身為移民的父母強烈反對。她的父母花費了數十年，確保孩子能獲得自己年輕時沒有的機會。他們非常驚訝於蘇珊居然想放棄鐵飯碗。另一個想轉換職涯跑道的上班族告訴我，她的另一半怪她「不負責任、自私又任性」，她的學貸是由伴侶的薪水支付的，他們也才剛還清貸款。她告訴我：「但我無法忽視內心深處那個揮之不去的問題，這真的是我後半輩子想要做的事情嗎？」她不可能繼續活在焦慮中，所以在找到新工作之前就辭職了。

我曾跟好幾位面臨工作身分危機的人談過，有些人非常擔心離職是錯誤的選擇，所以反而花費大量時間「潛伏」著尋找工作機會。多數人會依循以下三個步驟：瀏覽工作廣告，相中自己的理想工作，接下來找到獲得這份理想工作的人，然後在線上瘋狂搜尋他們的資料，藉此了解他們具備的資格和工作經驗。只有少數人會踏出下一步，**真的聯絡這些人來建立人脈**。這有點像在約會軟體上找到適合的對象後，永遠沒有跟對方出門。感覺也像已經往正確方向踏了一步，但到了最後，你還是坐在家裡，不敢讓自己走到那個地步。本書的第一階段正是關於如何打破循環，停止對另一種職業的幻想。

第一階段：為什麼我在這裡不快樂？了解你的心理起點

若在工作時對自己的身分感到不確定，在離職前有個重要的問題要問自己：我真的準備好離開這份工作了嗎？

離職和轉職的心理準備其實非常複雜。在轉職之前，你需要先理解自己對目前職業（和職場）的依賴感。若想做好準備，第一步就是要評估自己對目前工作和職場的身分認同程度。

我對目前的職業身分認同有多強？

我詢問了《我們的力量》（*The Power of Us*）一書的作者傑．梵貝沃（Jay Van Bavel），他的研究方向是身分如何塑造想法與行為，以及為何身分對於工作如此重要。傑進行了多項研究，結果顯示了強烈的身分認同如何引領人們做出不同行為，不論好壞。身分認同能夠解釋為何人們會相信陰謀論並加入邪教（這是不好的例子），為何可以對工作保有熱忱，並在某些情況下無法離開已不再喜歡的工作。

我問他，是否有辦法可以了解自己對職場的身分認同有多強，以及是否有一些跡象，能辨識出該認同開始減弱的趨勢。

他告訴我，第一步是試著了解是哪些身分占主導地位。「人們通常不會注意到自己的身分，但身分會限制你的思維模式、你的行為，以及你接觸的對象。」在工作上，兩個身分會互相關聯。首先，你需要問問自己，你對公司有沒有身分認同？如果有，即便你打算保留原本職業，也可能很難跳槽到另外一間公司。接下來，你對自己扮演的角色或職業有沒有身分認同？

聽起來可能很怪，但即使沒有強烈的職業認同，也可能會對公司抱持強烈認同（因為你對公司有熱忱），特別是如果在工作上有很多緊密的人際關係時更是如此：即便徹底轉職，也有一些人是你想要繼續保持聯絡的。你開始考慮離職時，請花些時間來評估，自己對目前職業的身分認同感有多強。下一頁的內容是柯林·韋恩·利奇（Colin Wayne Leach）所設計的問題，他是心理學教授，也是探討身分領域的專家。依據這些問題，他提出了評估身分的兩種要素：身分核心（或職業的身分認同對你來說有多核心），以及身分滿足（或你的身分認同可以為你帶來多少快樂）。兩種身分相關的要素都相當重要，可以了解你的理想職業是什麼樣貌，而這兩種要素通常都獨立運作。舉例來說，即使你的職業只帶來些許滿足感，但你仍有可能會對自己的職業感到高度認同（也是你如何定義自己的一個重要的部分）。

在以下的空白處填入你的職業，並勾選 1（完全沒有）至 5（非常同意）來為以下這些敘述評分。

找出你的身分核心：

A. 我經常想到我是一名＿＿＿＿＿。

1 2 3 4 5

B. ＿＿＿＿＿的身分是我看待自己的一個重要方式。

1 2 3 4 5

找出你的身分滿足：

C. 我很開心能成為一名＿＿＿＿＿＿。
1 2 3 4 5

D. 我覺得身為＿＿＿＿＿＿有很多引以為傲的事情。
1 2 3 4 5

E. 我很榮幸可以成為＿＿＿＿＿＿。
1 2 3 4 5

F. 身為＿＿＿＿＿＿帶給我良好感受。
1 2 3 4 5

第一次做這個測試時，這組問題請回答兩次：一次按照職業回答（例如「創意總監」），另一次則以職場來回答，切換為公司的職銜（如「迪士尼員工」）如果你發現自己對這份職業有強烈的身分核心與身分滿足，但對職場卻恰恰相反，則你可能不如自己預期那樣面臨身分危機。在下一章「漸行漸遠」中提到，我們有時會對工作感到非常消極，甚至讓不滿的情緒延伸到工作的各個面向，從通勤時塞在車陣裡，到對於公司中升遷結構的感受都包含在內。你現在的目標，是確保不會把對公司的低認同感誤認為對職業的低認同感。如果僅因為討厭職場就放棄仍具有身分認同的職業，那會相當可惜。

完成兩部分的測試後（身分核心與身分滿足），分別記下兩組分數（加總分數，並以各項目的數目區分：身分核心有兩題，身分滿足有四題）。平均三分或三分以下（總共五分），代表分數在該指標上相對較低，因為三是中間點，而四分或四分以上則代表分數相對較高。

舉例來說，以下是我的答案：

A. 我經常想到我是一名心理學教授。（4分）

B. 心理學教授的身分是我看待自己的一個重要方式。（5分）

C. 我很開心能成為一名心理學教授。（4分）

D. 我認為身為心理學教授有很多引以為傲的事情。（4分）

E. 我很榮幸可以成為心理學教授。（3分）

F. 身為心理學教授帶給我良好感受。（5分）

身分核心＝（A＋B的答案分數）÷2

我的分數：（4＋5）÷2＝4.5，相對較高

身分滿足＝（C＋D＋E＋F的答案分數）÷4

我的分數：（4＋4＋3＋5）÷4＝4，相對較高

別忘記以職場為出發，再回答一次問題。

完成測驗後，你可能會想，「與其他也在考慮離職的人相比，我的分數如何？」我調查了兩百位受訪者，他們都有想離職的念頭，或身處於轉職的過程中。分析這些人的身分核心與身分滿足的狀況時，我觀察到，他們的分數平均來說不是

高（超過三分）就是低（低於三分）；很少有人處於中間地帶。根據觀察結果，我設計了四個不同的類別：

身分滿足

身分核心	高	低
高	**茁壯成長者 38%**	**最具挑戰者 20%**
低	**快樂距離者 13%**	**渴望離開者 29%**

在這個研究中，許多人（百分之三十八）在身分核心與身分滿足方面同時獲得高分，我將這類型命名為「茁壯成長者」。這個結果很有趣，因為我選擇的受訪者是那些正在考慮轉換跑道的人。就像提摩西，他曾考慮過離職，但很快又決定留任，就很有可能會被分到此類別。如果你也是如此，就有可能是選了一個「好日子」評估身分認同，而當時工作狀況看起來有好轉的跡象。

接下來，我會談到在做重大決定之前，必須重複進行測試來確保分數穩定的重要性。但如果你的身分認同強烈又穩定，你可能會屬於我在本書中提到的其它類型，也就是會想繼續留在產業中，但不會繼續從事相同工作。（「被低估的明星」與「屈居第二」便屬於此類型）。

「渴望離開者」在研究中佔了百分之二十九。這些人在身分核心和身分滿足的分數都相當低，心理上已經離開了這份工作。他們還沒作好離職準備的背後，有很多實際原因，但其中並不包含遺失一部分的自我。這有點像是純粹出於實際考量而選擇維持同居關係，因為分隔兩地的房租太貴；或是因為有養狗，誰要負責照顧？在一段感情關係中，縱使一對伴侶間的火花已經熄滅，但現實問題通常仍會讓他們繼續與彼此綁在一起長達數年。在工作方面，如果狀況穩定，不論是日復一日的工作天、豐厚的薪水，或知道自己不會隨時有被開除的風險等，都像是隱形的膠水一樣，牢牢地把你與這個既不喜歡又不在乎的職業黏在一起。

「快樂距離者」這類型占百分之十三，他們對自己的身分非常滿意，但不認為自己的（或這些）身分是身為人的核心。許多人可以快樂過生活，同時從事的工作不會定義他們的身分。如果你屬於「快樂距離者」這一類型，可以問問自己這個問題：是否需要職業成為你身分的一部分，或是否已經有其他的身分，所以能夠只完成工作本身就好？不是所有人都能從工作中獲得使命感，也不是所有人都想要這樣。但如果你的工作需要你接受他人的期望，要求你具備強烈的職場認同，如果不符合預期，甚至會遭到懲罰，那麼你和周遭人的想法落差可能會造成壓力。我前一份零售業的工作就帶給我這樣的感覺。除了我以外，所有人都積極參與團隊建立練習和內部的商店銷售競爭；但我只是去那邊賺錢而已。去工作時還要應付他人白眼，的確非常尷尬。

「最具挑戰者」應該就是最有挑戰性的類別，占了百分之二十。我可以理解這些人。他們的職場身分很少帶來快樂，但對於職業身分仍十分忠誠。他們對工作又愛又恨，大多數人已經受了太久的折磨，以致於已經習慣這種生活。如果你曾覺得自己連在放假期間都還辛勤工作，而整個過程都感到十分痛苦；或承接紛至沓來的責任，但這不是因為你喜歡這些工作，而是你覺得拒絕任務會讓自己覺得很失敗，那麼你可能就是屬於此類別。

請多次評估你的身分，而不是只進行一次

身分是一件很複雜的事情，通常會隨著時間的推移而改變。職場認同強度的變化並非線性，通常會在達到顛峰後突然降低，並不會穩定下降。有些人早在感受到身分核心認同降低時，就已經感受到身分滿足認同的下降，因此在變成「渴望離開者」這個類型前，早已是「最具挑戰者」的一份子。醫療保健人員很容易職業倦怠，所以大多數都屬於這一類。其中許多人全心投入工作，卻苦於承受巨大壓力。

那些屬於身分危機類型的受訪者通常很難忘掉舊身分，在談論舊職業時就像在討論麻煩的浪漫感情關係一樣：一下熱情、一下冷卻，然後又再次熱情了起來。實在難以擺脫像雲霄飛車一樣的情緒起伏。請你問自己一個問題：「我的職業身分會永遠消失嗎？」這能讓你感受到自己的存在感。傑・梵貝沃告訴我：「有許多離職的人，直到真正離開時才意識到自己的身分認同，離職可能會讓他們非常痛苦。」

因此，從你開始考慮要離職的那一刻起，請務必連續幾個月持續衡量認同程度。不要根據單一資料就突然做出巨大改變；請按照一致的變化模式來調整。從本

質上來看，我們的身分認同程度並不固定，你可能會忍不住過度解讀「糟糕身分認同」這一天帶來的感受。瞬間發生的事件可能會強化身分認同，但也可能對其造成威脅。例如某一天，你的上司可能會稱讚你工作表現良好，這時你的身分認同程度就有所提升；但下一刻，你可能會收到超出能力範圍的工作量，這時認同程度就又下降了。

為了讓這個過程可以順利進行，我推薦你用和進行身分認同評估差不多的時間長度，重新再做一次第三十頁介紹的每日壓力測試，幫助你察覺了解有哪些因素會與身分認同程度的變化同時出現。問問你自己：有哪些壓力因素（不論是否為預期因素）會刺激身分認同程度強弱的改變？常見的因素包含貢獻沒有受到認可、標準與規則預期之外的變化，以及環境帶來的影響，如在完全空無一人或十分擁擠的辦公室工作。

辨認出有哪些因素（如造成壓力的特定關係變化，或長時間與沒有動力的組員一起工作等）會和身分認同程度強弱的變化一同出現後，你就能更了解未來的理想職業樣貌。舉例來說，請想像一下，你對工作的貢獻不再獲得認可，你的身分核心和身分滿足程度都會下降。當你將獲得高度工作認可視為追求的目標，在下一份工作中就不會再次面臨身分危機。

下一步該怎麼做？

如果你的身分核心和身分滿足持續下降，請在離職前問自己最後一個問題：如果再也無法做這份工作，你的感受會有多糟？

對於衡量是否準備好要離職，這個問題非常重要，可能會激發內心一些尚未處理的情緒，其中也包括對失敗的恐懼。這種恐懼會讓人做出好笑的事，比如在工作中「奮力一搏」，做最後的努力，為了證明你已經在這件事上用盡全力。舉例來說，蘇珊在離職前，自願花了很多時間協助其他教授。任何在離婚前接受過關係諮詢的人都會有這種經驗：在我和前夫分居前的兩個月裡，我們約會的次數比整段婚姻期間都還要多！

當你歷經第一階段時，請提醒自己，對目前工作抱持矛盾也沒關係。在第二階段會開始探索不同選擇，這與離職的概念完全不同。你會發現，在開始建立新身分時，與潛在新工作的相關人員一起進行微小但有意義的互動，會幫助你消化離開舊身分的失落感。你可以使用自己感到舒適的節奏來經營這些人際關係。

第二階段：我理想中的未來職業是什麼樣子？

對於正面臨身分轉變的人來說，變換職業的第二階段，就是了解自己希望未來的職業是什麼樣子，這可能是一大難題。此階段有些問題很常見，如「在不知道還有哪些可能性的情況下，我的新身分會是什麼」，以及「過去幾年我都全心投入於某一件事，怎麼會知道還有什麼選擇」。工作無力感也很常見：你知道自己不喜歡做的事，但完全不知道自己可能喜歡什麼。由於你很清楚以往什麼狀況會出問題，所以可能傾向列出一份「不可做」清單，也就是未來絕對要避免的事情。

把重心放在過去與未來職業間的關鍵差異是很重要沒錯，但建議你不要從這裡下手。可以嘗試另一種方法：不要思考你想做但與目前職業不同的事情，請思考兩者一致的地方。

列一份保留技能清單

想找到一致之處，需要先列出一份保留技能清單：我擅長且希望帶到下一個職業的技能。列清單的過程是一門藝術。我從本章研究的求職者身上學到，技能包裝方式的細微差異，不僅會影響你是否有興趣再次使用這些技能，也會影響你在人際互動中如何闡述要怎麼將這些技能帶到下一份工作。

讓我運用一個簡短練習來說明這個概念。

三件事練習

1. 你工作中的任務是什麼？
2. 執行該任務所需的技能是什麼？
3. 該任務是在什麼場合完成的？

重複這個練習五次，找出五種不同的任務、技能和場合。我稱這個練習為「三件事練習」。

我請一百個正在考慮轉職的人做這個練習，然後把他們的答案與另一百個人做完簡化版練習的答案進行比較。在簡化版練習中，我請受訪者寫出「擁有的五個不同技能」，並這組人命名為「僅記錄技能的群體」。招募人員以及負責處理轉職的雇主通常會問：「你有什麼技能想要帶去下一份工作？」多數人不會要求你分析答案，說明技能可以應用的地方，或使用該技能時的場合。

對這兩組進行比較時，我發現表達方式對回答有很大的影響。整體而言，僅記錄技能的組別所列出的技能非常籠統，更偏向個人特質，而非在工作中使用的技能：如適應能力強、靈活、解決問題的能力出色、注重細節等。相較之下，完成「三件事練習」的人提供的回答更具體，聚焦在履歷中應涵蓋的實際技能。舉例來說，一位商務管理師寫下「分配一天的工作量」為任務，「使用進階版 Microsoft Office」為技能，「在擁擠的辦公室裡」作為場合。

在此階段列出實際技能後，無論是 Microsoft Word 的操作或為三年級學生設計測試都無妨，請開始思考你想將哪些技能帶到下一份工作。掌握自己擁有的實際技能，你就能從人脈往來中獲得「我如何將前一份工作的技能應用到新工作」這問題的具體答案。

舉例來說，如果有人問我：「我在上一份工作的表現靈活，且擅長解決問題。這些技能對成為教授有幫助嗎？」我會說：「當然！像這樣的積極特質都會帶來好處。」但如果他們問我：「我擅長使用 Office 軟體。這個技能在教授的工作能派上用場嗎？」我就可以根據教授日常生活的現實情況，給出更深思熟慮的答案。

「三件事練習」還有助於你實際思考，自己希望未來工作的日常生活是什麼樣子，或避免變成什麼樣子。例如，你可能會發現自己很愛用 Microsoft Office，但你想做負責分配工作量的文書工作以外的事情。而且你很討厭擁擠的辦公室。了解了想保留的這三件事，包括你想在哪裡工作，或想與什麼樣的人（如果有的話）共事，可以幫助你更準確調整職涯方向。

釐清你想要的新職業身分

現在你的保留技能清單已初具雛形，下一步就是釐清未來目標。別擔心，這步驟不會要你馬上找到新工作（甚至連申請都不用），但需要你和了解潛在新公司內部資訊的人透過網路交流。開始建立新身分的最佳方式，就是安排一系列簡短會談，了解不同工作中的日常狀況。稍後會說明如何訂定安排會談的策略，但讓我們先從具體的事例開始，了解在工作中釐清或未釐清身分時的不同狀況。

社會科學家索莎娜·多布勞（Shoshana Dobrow）和莫妮卡·希金（Monica

Higgins），連續五年觀察了一百三十六位職業追求者的狀況，並記錄他們職業身分的形成過程。研究中，他們收集了受訪者對自己職業身分的描述，藉此了解釐清身分後是否能讓工作順利成功。

以下是在研究中，職業身分明確的例子：

> 雖然我很確定想在房地產行業發展……但是在「傳統上」進入或退出這個行業一直不簡單。現在是加強我在這個產業相關經驗的最佳時機。我的工作經驗清楚為我指明房地產這條路。

這個例子的人不一定完全知道如何成為房地產經紀人，在通往成功的路上也預計會面臨障礙，但他們知道自己非常想成為房地產經紀人。重要的是，擁有強烈的職業身分代表你知道自己想成為什麼樣的人，但不一定知道如何達到目標。在知道「如何做到」前就開始探索職業完全沒問題。這就是人脈交流的功用。

以下是職業身分不明確的例子：

> 我很難聚焦在特定工作上。目前正在考慮與「生活方式」有關的公司，如媒體、娛樂、時尚或化妝品領域等，希望可以從事這類的行銷工作……或者在藝術領

域工作也不錯，我就能有足夠時間自由運用，繼續「創業」……或是在拍賣行工作也可以……或在創意公司的新產品開發部門工作也可以考慮。我知道我想待在一個能夠學習和成長的地方，但很擔心邁出第一步後，結果卻方向錯誤。

這個人對自己感興趣的事物有很廣泛的認知，但這些僅是幾個間接相關的選項。時尚、化妝品和娛樂等領域，感覺都可以歸屬於業務內容與「生活方式」相關的公司，但這些領域需要截然不同的技能組合，工作任務也完全不同。有意願「學習和成長」固然好，但這是非常模糊的概念。

在此階段中，你可能和第二個例子更像：列出了廣泛的清單，內容間可能互相有關聯，也可能沒有，但你對這些領域感興趣，這樣完全沒問題。為了幫助你開始建立身分，請把第一階段的保留技能清單作為一開始使用的工具，並搭配「三件事練習」的答案一同使用。在人脈互動中，你的首要目標，就是學習如何將保留技能應用於新任務和場合中。

建立身分的人脈互動

索莎娜．多布勞和莫妮卡．希金在研究中，不僅衡量了受訪者如何描述職業身分，也收集了一些數據，顯示誰能建立明確身分並找到適合的工作。並不是所有成功的人都能走在一條線性的職涯路途上，許多人的身分會在這個過程中重新定義好幾次。但無論往哪個方向，能夠找到「我未來想成為什麼樣子」這答案的人，最終都在工作中平步青雲（通常也會離開不適合的公司）。為了達成目標，他們善用手中人脈。實際而言，比起學習新技能、上課、取得證書或閱讀，當面對話更有助於釐清你的理想身分為何。

如果你的職業發展已有一定基礎，可能早已掌握許多人脈往來的技巧。多數在某個產業工作了很長時間的人，都會擁有科學家所謂的「密集型」人脈，也就是與同公司同事，或職業相同的人密切地聯絡。我的研究調查了一百位正考慮轉職的受訪者，請他們列出透過工作認識的十個人名，並說明認識過程。這種方法無法完全理解受訪者的完整社交網路，但大致了解有聯絡的人屬於什麼類型。我發現，他們有聯絡的人，有超過一半，也就是超過六成，都是同公司的同事。大約超過四成的人，是來自同領域或同團隊。總而言之，幾乎三分之二的聯絡人（百分之七十四）

都與目前工作有關。我還詢問受訪者的聯絡人是否互相認識，如果是，那又是如何認識的。幾乎所有互相認識的聯絡人，都在同間公司工作；彼此認識是因為每天工作都會見面。大致上，在工作中建立人脈時，範圍不會離公司太遠。

除了公司同事以外，你該與誰建立人脈？

為了建立明確的新身分，你需要發展一個範圍更廣，不是以工作為中心的人脈網路。工作中與人見面很自然，但為了轉職，新人脈的組成必須包含不同經歷、在不同公司工作，所處職位不同的人員。簡而言之，目標是從人脈關係中獲得**不重複的資訊**。

這種方法可能與直覺不相符。難道你不該與互相認識，且可以幫助你找到新工作的人聯絡嗎？這是最終目的，但目前還沒到這一步。在此階段，人脈之間所擁有的資訊越重疊，你就越會假設自己對某個職業有明確認識，但實際上卻帶有偏見且理解片面。你可能還會假設，聯絡人的共同經歷代表這些人擁有相同職業，但事實上這代表的可能是共同的上司、辦公環境，甚至是休假天數等這種單純的事情。

如果這些聯絡人之間的的連結較弱，或根本沒有連結，你就會對成功所需的條件、保留技能是否有價值，以及你所感興趣的不同職業日常狀況如何等問題，得到許多不同的答案。擁有多樣化的人脈，其中不是所有人都互相認識，所帶來的好處十分遠大。多布勞和希金發現，在取得 MBA 的前兩年內，人脈較不密集的人，四年後的職業身分也更為明確。這是因為從不同來源獲得的資訊，更能幫助他們微調身分認同。

為了建立連結，接觸來自不同職業背景的人

在多布勞和希金的研究中，身分最明確的人所擁有的人脈裡，有些人彼此互不相識，且來自截然不同的社會族群：一位前老闆、一位大學朋友、一位在會議上認識的人，以及一位社區中的鄰居等。要建立這樣的人脈，可以從運用現有人脈開始，但要確保新聯絡人不在同行業或同公司工作。我訪談的許多招募專家建議，一

開始可以運用範圍較廣泛的人脈，比如移民（如果你是）或校友關係網。以身分為基礎的人脈是可以運用的（比如身為第一代移民或近期移民，或者曾在同一大學就讀），只要這個身分不是與同公司相關的身分皆可。

如果你已將未來工作縮小到某個廣泛類別（如客戶服務或 STEM 領域的某個職位），就可以與擁有共同身分的人互動，這種身分可以包含不同的職業身分。舉例來說，使用 Salesforce 的人擁有自己的大型人脈。STEM 領域的女性也有自己的人脈（你可以在社群媒體上輕鬆找到這些族群）。這些族群中的成員通常希望彼此能夠成功，也很願意為新人提供內部資訊。

如何建立這些人脈？

要達成人脈目標，你得放棄大多數人用來認識新朋友的常見社交技巧：滾雪球抽樣。如果你曾經問過某個聯絡人：「你有認識其他能和我聊這個職業的人嗎？」──這就是在滾雪球抽樣，也就是請一個聯絡人推薦自己人脈中的其他人。按照邏輯推論，這個過程會建立更密集的人脈，也就是人脈中的人會彼此相識。

其實你不需要完全從零開始，可以用一些方法，請目前擁有的聯絡人為你介紹其他人，藉此減少這些人因工作而互相認識的可能性。例如，你可以說：「你知道有哪些公司在餐飲服務方面名聲良好嗎？」而不是說「你知道還有誰在餐飲業工作，可以介紹給我聯絡嗎？」這個微妙的差別可能導致非常不同的人脈結果。如同我在開頭提到的，人們比我們想像的更願意和陌生人談工作。所以在此階段，別太擔心被拒絕。

為了讓保持進展，你可以每天設定人脈目標。例如，每天聯絡人脈中的兩位不在同公司工作的人，並安排關於工作的對談。記住，你的目標不是建立龐大的人際網路，而是要得到精心設計的人脈。比起十個因為是你朋友的同事才建立的連結，兩三個精心挑選的聯絡人更能幫助你建立身分。

在對話裡要問什麼問題？

剛開始你可能會不確定該如何記錄，才方便在對話結束後回顧。我建議可以創立工作表，記錄工作所需技能，以及你的談話對象如何運用技能之間的關聯。換句話說，讓你的人脈回答「三件事練習」。你可以先問對方：「我很好奇你每天的日常生活是什麼樣子，你介意告訴我每天都會做的幾項任務嗎？」然後你可以用簡單的後續問題，來了解完成這些任務所需的技能。

在進行此練習時，請記得壓力測試中的每日壓力因子。以下是一位小學教師想轉職到資訊科技業工作的例子。她從教學工作中選擇了「任務委派」這項技能，相關的任務是「將課程計劃分配給教學助理」，進行的場合是在學校。在資訊科技領域，任務委派的執行方式非常不同，所以她和在不同公司工作的人（包含大學、小企業和大企業）互動，藉此了解他們實際上如何執行。從小學轉換到科技業顯然需要學習不少新技能，但先了解如何將關鍵技能帶到新環境，是個好的開始。

訪談對象	湯瑪斯	桑傑
職缺描述	小企業IT部門經理	大公司十人IT小組成員
技能	任務分派	任務分派

任務	場合	相關壓力因子
整理員工要求的單子；分配任務給團隊	辦公室	很難預測工作流程。有時候單子數量很少，有時數量很多。
引導新團隊成員如何在員工電腦裡安裝軟體	辦公室	新員工訓練不足；有些員工更需要協助，會花費很多時間。

在第一輪人脈互動後，請檢查身分的明確程度

你列出職業選擇的簡表後，我建議可以檢查一次身分的明確程度。

描述你的新身分：

我想要找到＿＿＿＿＿＿的工作。我認為自己有一系列技能，是可以帶到這份職業運用的，包含＿＿＿＿＿＿（請填寫保留技能）。在我上一份工作

> 中，我在＿＿＿＿（請填寫任務）中運用此技能，但我了解到在新工作中，我會在＿＿＿＿（請填寫新任務）中運用此技能。我也知道如果我想要得到這份工作，有一些新技能是需要學習的，包含＿＿＿＿（請填寫新技能）。

填寫這個描述的困難程度如何？

進入第三階段之前，請確定沒有遺漏任何資訊。

第三階段：開始查證事實，確認這個職業是否適合你

你會在第三階段繼續拓展人脈，但目標會有所不同。在此階段，主要目標是深入了解特定職業的日常生活。你可以繼續像第二階段那樣，詢問技能在工作中的運用方式，但在此階段，你需要尋找答案中的共同點，而不僅是廣度。

我的一位學生最近開始在新創公司工作。她驚訝地發現，「分析數據」這項基本技能在她面試的公司中，有著非常不同的執行方式。有些公司希望她每天花很多時間分析大型資料集，而其他公司則希望只舉辦小型工作坊，教其他人在能夠收集到數據的情況下該如何分析數據。只有向許多同行提出相同問題，她才能明確知道多數公司希望她如何展現技能。

請記住，你同樣可以透過閱讀書籍和公司網站，了解很多工作相關資訊。但在第三階段，目標是得到不對外公開的資訊，比如對於成功的期望和規範、徵才廣告中很少提及的必備技能，以及潛在工作是否會帶來大或小的不確定性，讓你難以管理。換句話說，這些資訊就像「潛規則」，想要了解，就需要與感興趣職位中的人建立連結，而相較於第二階段中，你在探索所有可能的職業選擇時建立的人脈，這種人脈範圍更窄，也有更多重疊的地方，可以幫助你專注於工作上的細節。

與第二階段相同，在第三階段中同樣會詢問人脈關於工作的問題。但在此階段，隨著新的職業身分開始形成，你只會想要與想進入行業中的員工進行人際互動。要建立這種人脈，可以參考「漸行漸遠」第二階段中有關人脈的內容（一二九頁），進一步了解如何確定你想在哪個公司工作，以及如何辨認在這個公司中，誰的角色是你所感興趣的。

了解背後的職場潛規則

你的新工作開始後，發現自己在面試或入職過程中錯過了一些關鍵資訊。但這些資訊似乎人人皆知，所以你可能會覺得很尷尬。遇到這種情況時，不要覺得自己很蠢，因為這個經驗很常見。你可以請新的人脈完成這個句子：「在我開始這份工作之前，沒有人告訴我……」幫助你了解背後的職場潛規則。

二〇一一年，全國公共廣播電台（NPR）進行了一項社會實驗，名為「那天我缺席了」。有四千人在臉書上回應「你成年後才學會，但應該更早學到的尷尬事件」這則提問。有個人以為西班牙語單字「quesadilla」的意思是「這是什麼交易？」（實際上是墨西哥薄餅），還有個人以為「Art Deco」（裝飾藝術）是一位名叫Art Deco的男人，甚至還有些廚師分不清楚山藥和番薯的差別。

工作中，我們通常會把這種知識叫做職場潛規則，即在工作場所外不常談論，但對成功十分重要的規範和期望。有時，這些潛規則也會顯示出工作中奇怪又特別的文化規範。我有一位朋友在上班第一週時，從辦公室冰箱裡倒了杯柳橙汁。同事們又震驚又害怕地看著她。因為冰箱裡的任何東西都可以喝，只有柳橙汁不行——那是老闆的柳橙汁。她違反了一條很重要的辦公室規則。但更多時候，潛規則與辦公室的怪習慣無關，而是你應該完成或掌握，卻沒有做到的事，也就是一些只有少數的幸運內部人士才知道或擁有的寶貴技能或經驗。大家都不喜歡這種驚喜。

你希望在開始新工作之前，就能了解職場中隱藏的規則，這樣你就不會像喝下那杯柳橙汁一樣，在不知情的狀態下被扣分。而學習這些隱藏規則的最佳方式，就是與業內人士互動。

當你透過新拓展的人脈完成「沒有人告訴我……」這個句子後，可能會發現哪些事情？為了提供看法，我進行了一項研究，請受訪者分享自己的「沒有人告訴我……」經歷，這和NPR的實驗非常相似。我訪問了三百八十二位受訪者「沒有人告訴我……」的這個問題，並請他們回答在工作中學到最令他們驚訝的事情。沒有刊登在廣告上的職責、文化規範、工時和薪資這些類別，是最不受大家歡迎的「驚喜」。有百分之二十的人被交辦的職責，與原先得知的職責範圍不符。大約相同比例的人，對於工作中的奇特文化規範感到震驚：「沒有人告訴我，第一天我應該帶糖果和團隊與老闆分享。」（這個答案來自一位在製造業工作的受訪者）。結果並不令人驚訝，這些「驚喜」大多數都不受歡迎。縱觀所有職業的訪談結果，只有百分之五的答案是令人愉快的驚喜。例如，沒有人告訴我，我每個月中有一個週五可以放假，或者公司提供免費午餐（只要你坐在辦公桌前用餐）。

當你請新拓展的人脈完成「沒有人告訴我……」這個問題時，獲得的答案可能會像我獲得的那些一樣豐富。請運用這些答案，在面試階段時規劃明確的提問。例如，如果你知道該深入了解徵才廣告上沒刊登的資訊，這是因為人脈中有很多人發現自己得做與職位描述不符的事情，你就可以設計提問，來測試你是否同樣會被交付職責範圍外的工作。而如果你開始看到其他類型的答案，比如與工時和薪資、職責或一般文化規範相關，請一一記錄下來。

學習工作中的行話，這裡指的並非流行語

除了學習職場潛規則之外，第三階段的另一個目標，是了解你對某個職業的用語熟悉程度為何。如果你有與我相似的經驗，就會自然查覺到自己知識不足，因為你會發現在與工作有關的對話過程中，需要暗中搜尋對方使用的詞彙是什麼意思，而非直接詢問：「這三個字母連在一起究竟是什麼意思？」

行話是指內部人士使用的詞彙或概念。對於外行人來說，這些詞彙有著特定的意義，但並不容易了解。儘管許多人（包括學者）都討厭行話，但行話卻無所不在。有位記者米歇爾．麥格文（Michele McGovern）寫了一篇文章探討如何消滅職場中的行話，其中諷刺了像「新常態」這樣的短語，因為這個詞彙所描述的事情既不新，也不是常態。

行話之所以聲名狼藉，是因為大家往往把行話用來代替簡單的語言，但簡單的語言其實就可以完整表達意思。但若使用得當，行話可以用更少心力來表達更多內容，在更短的時間內就能傳遞更多資訊。實際上，使用行話能讓對話更順利。例

如，新的團隊一開始會使用大家都理解的日常詞彙，後來再轉為使用「不常見」的詞彙，外部人士無法理解其意思。這種內部語言可以讓他們快速有效地交流想法。

想了解行話的用途，得先想想它們是如何產生的。人們一同工作時，會開始減少功能詞的使用。功能詞是指句子中的連接單位（如一個、很多、很少等，以及代名詞）。他們用具有意義的詞彙來取代這些連接單位，也就是行話。舉個例子，假設你向某人描述某個測試，你可以說：「我在讀大學前參加了一個測試，衡量了我在各種不同技能的能力為何。」或者你也可以這麼說：「我參加了ACT測試。」「ACT」就是行話，使用起來可以節省大量的時間和精力。

你需要學習的行話類型是ACT這種，而不是「新常態」這種。「新常態」是一個流行語，而非有用的行話。分辨兩者的差異是很重要的。

工作中遇到行話的可能性有多高？

長時間從事某個工作後，可能就會常常使用行話但沒有自覺（這種情況對於許多面臨身分危機的人來說很常見）。事實上，在工作中使用行話，可以彰顯你對這個職業的身分認同，讓周遭人知道誰「屬於這裡」，而誰不是。就像學習任何新語言，行話可以幫助你在多種情境中有效溝通，不論是面試，或快節奏的團隊對話，到 Slack 頻道的訊息傳遞都是如此。而且，由於行話代表身分認同，使用行話還可以幫你克服新入職員工在加入新團體時面臨的障礙。

你也無法不使用行話。我問了一群員工：「你開始進入這份工作時，別人是否使用了你不熟悉的詞彙或短語？這包括一些縮寫（例如，用 ROI 來指稱投資報酬率）。」大約一半的人，不論職稱或工時長短為何，答案都為「是」（百分之四十七）。最常見的行話形式是縮寫詞，即用來表示複雜概念的簡短詞彙或字母組合，這些詞彙約占工作中行話的百分之五十九。在履歷中，這種情況很常見。閱讀求職者的履歷行話時，我發現幾乎所有的行話都是縮寫：例如，人們熟悉的程式名（Python, HTML, JavaScript）和證照名稱（汽車業的 USMCA 認證）。

如何學習這些新的行話？

行話無處不在。當你探索一條新職業時，可能每天都會遇到新的行話。你會在對話中無意間聽見、會在正式文件中讀到，也會在求職廣告和 LinkedIn 檔案中看到。你需要理解行話，也要使用行話來傳達自己的專業知識。此外，由於大多數行話都以縮寫或專業術語的形式表達，僅靠聆聽來學習是無法掌握的。

當你不了解對方使用的詞彙時，請嘗試抵抗點頭附和的衝動，停下來問：「可以解釋一下這是什麼意思嗎？」我在採訪招募顧問時（他們習慣在對話中使用大量行話），很快發現只是點頭示意是沒有幫助的。起初，我試著在對話過程中上網搜尋這些縮寫的意思，但這讓我顯得很不專心。所以我學會了提問。沒有人因為我問問題而覺得我很笨。硬要說的話，他們會因為我自己胡亂猜測而覺得我很笨。

請記住，多數人都覺得行話在產業中很常見，不需要多做解釋，你就能理解。不論從事什麼職業，每個人在不同程度上都抱持這種偏見。

如果你因為暴露自己的無知而尷尬，請提醒自己，現在就去理解這些短語的意涵，不要等入職以後再學習，這可以為你節省很多時間。我曾在工作中遇過一個特別讓人困惑的行話，它既是縮寫又是實際詞彙。當時我正在為演講準備投影片（這也是行話），有位會議籌辦人問我喜歡什麼樣的「WOW 呈現方式」。我沒有直接問 WOW 的意思，而是自己猜測，還花了一天時間試圖搞懂如何讓觀眾感到「驚喜」（WOW）（我應該做出很炫的投影片嗎？還是要穿很酷又不常見的服裝？）但 WOW 其實不是「驚喜」的意思，而是「工作方式（way of work）」的縮寫。那個人其實是在問我需要多少次的行前通話。

遇到新行話時，就像學習新語言一樣。你可以建立自己的字典，每次遇到相同的詞彙，就記錄下來。在與業界聯絡人聊天時可以問：「如何用正確的內部語言，貼切描述我的技能和成就？」並且記住，無論學習能力多強，所有工作場所都有需要習慣的內部語言。

你會發現，當執行到第三階段的步驟時，你的新身分會開始越來越明確。說話和表現方式開始像內部人士一樣，會是這個過程的關鍵。本階段的目標是盡可能多收集資訊，如此一來，在這階段結束時，你就會準備好撰寫履歷並開始申請工作。

請記住，此階段的終點並不一定；在第四階段，你仍會繼續調查，而在這個過程中，你也會自然而然微調自己的職業身分。但在面試過程中，你所發現的事實將不再是關於工作的一般資訊，而是與你感興趣的職位，以及正在考慮入職的公司實際資訊有關。

第四階段：找到你熱愛的工作

階段四主要包含兩部分：為申請工作撰寫履歷和求職信，並藉由面試得到理想工作。如前所述，你在第三階段需要學習新技能並獲得必備證照，如此在進入第四階段時，你就已經準備好在履歷上展現這些技能（也可以適度附上一些新行話）。

在履歷上包裝你的技能

開始寫履歷之前，來清點一下所擁有的資源。首先，你有第一階段中的保留技能清單，以及在第二、第三階段中所了解的，未來職業的員工如何應用這些技能的資訊。此外，你也有從人脈中學到的新認證或技能清單。第三，你擁有可以參考的行話字典，以及如何在履歷中貼切應用的內部資訊。最後，你還有在上一份工作所做的公司或團隊貢獻清單。我發現，只有約百分之二十一的求職者在履歷中提到這些貢獻，儘管有百分之八十六的招募人員表示這樣做「絕對有幫助」。身分危機中這類求職者通常渴望擺脫舊身分，因此會刪掉這些成就。請別這麼做，因為這些成就可以讓你脫穎而出。如果你的上一份工作做了很久，值得展現的能力可能比你想像的還要多。

擁有這些資源後，現在可以開始以招募人員欣賞的方式，來包裝你過去的經驗和技能。

層層分解、再次重建

我會在第二章「漸行漸遠」中說明如何在申請階段「包裝技能，但又不會過度誇大」，這個做法在這裡同樣適用。某些身分危機的求職者決定離職，轉換到與目前職業相似的領域。如果你是這類型的求職者，你的目標是組合基本技能，並以超越目前經驗的方式來包裝。舉例來說，假設一位女性求職者有十年的專業婚禮策劃經驗，她可以將婚禮策劃中使用到的基本技能，轉換到派對策劃的工作上。重新包裝後，可以這樣描述：「具有餐飲公司和大型場地派對策劃的十年工作經驗，每次賓客人數皆超過一百人。」

而有些身分危機的求職者決定大膽轉型，跳槽到與目前職業無關聯的領域。舉例來說，假設這位婚禮策劃師的目標是離開派對策劃業，轉而從事飯店業的工作，則她需要運用「層層分解、再次重建」的方法，而不是僅是簡單重新包裝。

如果你和這位從婚禮策劃轉型為飯店業的專業人士有相同情況，可以這麼做。首先，運用在第一階段的「三件事練習」中，學到如何拆分為任務、技能和場合的經驗。對於婚禮策劃師而言，任務可能是「協助餐飲公司、提供桌椅的租賃公司與現場伴奏樂隊等三個專業團隊一同合作」。這項任務背後的技能是「整合三個不同的功能，藉此有效朝向共同目標努力」，場合則是「豪華婚禮」。

下一步是結合在人脈互動中所學到的，如何將原有技能套用至新工作。假設這位策劃師了解到，在飯店業中，「整合不同功能」的技能在大型會議晚宴的場合下既罕見又有價值，需要真正的領導能力才能協助不同團隊協力運作，則這位策劃師的重點應該是，在大型飯店的會議晚宴場合中，可以如何運用這項技能。

第三，描述履歷中的技能時，可運用相關行話。飯店業可能會使用不同詞彙或短語來描述「整合不同功能」的技能。「功能」本身就是行話，因此策劃師應該注意飯店業是否使用這個詞。

描述自己對團隊或公司成果有何貢獻時，應該使用具體語言來描述所做的事（如「帶領五人團隊，將收入提高百分之二十，即每季提高十萬美元」），並以更廣泛的敘述方式來描述此貢獻所需的技能（如「此結果彰顯了我在客戶和團隊主管之間的協調能力，藉此順利提高銷售業績」）。大多數人只做了其中一項，但招募人員更喜歡兩者兼具：也就是大局觀的技能以及具體成果。

謹慎使用行話，僅在一般語言無法表達時使用

使用行話前，請先確認沒有其他更常見的替代語言可以使用。如前面提到的，儘管縮寫在工作中很常見，但在履歷中你最好還是寫出全稱。許多人認為行話是「行業通用」，也會預期所有讀履歷的人都看得懂，但我不願意冒這個險。有疑問時，最好把話說清楚。請記住，使用行話的方式會影響他人對你的印象。社會科學家亞當．賈林斯基（Adam Galinsky）和同事發現，過度使用行話會適得其反，讓人覺得你只是在做表面功夫，想裝成業內人士。其實越資深的人越少用行話，他們更喜歡使用簡單而清晰的語言。

針對各個職業量身訂做你的資料

現在履歷已準備就緒，是時候開始申請工作了。很多人轉職時都會有衝動想要盡量申請多個工作，希望提升成功率。但就像本書開頭所提到的，這種做法通常效

果不佳，因為多數人不會花時間針對要申請的各個職位量身訂做履歷，也幾乎從不撰寫客製化的求職信。

有個公式可以幫助你為每個工作撰寫求職信，從「三件事練習」開始，以開誠布公的方式清楚描述你過去的成就。請記住，若想找到適合的工作，提供招募人員的資訊越多，他們就越能評估你與該工作的契合程度。接下來，清楚說明這些現有技能如何應用到所申請的工作上，這是我在上一節中談到的主題，關於如何層層分解並再次重建。許多求職者不會多做這個步驟。有個好建議是：「為他們做好準備」——幫助求職信的讀者將你的舊經驗和技能，與你希望承擔的新職位之間的關聯銜接起來。不要認為他們有動力或時間自己做這件事。

舉例來說，那位婚禮策劃師在求職信中可以這麼寫：

「在過去的職涯中，我身為婚禮策劃業務，熟知如何整合不同功能。我經常與餐飲人員、音樂家和花藝師等多個供應商合作，精簡工作流程以利大型活動運作，而往往都在緊迫的時限內完成。在飯店業中，我希望能將這項技能應用於大型會議的場合。與多個供應商合作的經驗，讓我成為協助餐廳員工和會議籌備人員溝通的不二人選。」

面試

多數人認為，面試是讓招募人員留下深刻印象的機會，而目標當然是得到工作。但請將面試視為一條雙向道，你在面試他們的同時，他們也在面試你。有時候在面試中，你需要扮演偵探的角色，這一點稍後會討論。但我們先來談談如何在面試官心中留下深刻印象。

傳達你具備明確的職業身分

在整個面試過程中，首先需要慎重考慮的一件事，就是清楚傳達你的新身分。在第一階段，我提供了在開始面試前釐清新身分的工具。而事實證明，傳達明確的職業身分也同樣重要。

我與專門從事IT醫療保健和資訊學的高級招募顧問希瑪・薇斯曼（Sima Vaisman）談過，她提醒我，儘管招募趨勢千變萬化，但始終有件事會讓公司感到不安：就是**雇用對自己的身分和未來方向缺乏明確想法的人**。招募人員會有一種安全感的偏見，他們會希望知道能從應徵者身上得到什麼，以及未來幾年內的發展軌跡會是什麼樣子。

希瑪告訴我：「招募經理往往害怕招錯人。」「他們通常會想要招募『履歷看起來安全』的人，但不一定是最適合的人。」這些人本質上看起來就像他們過去成功雇用的員工。背景相同，軌跡相同，角色也相同。這種害怕大多源自公司形象管理的考量，尤其是在聲譽良好的頂尖公司中更是如此。公司在招募人才時會非常謹慎，這就好像儘管城裡開了五間新餐廳，你還是每次都會去固定的那間餐廳用餐一樣。大多數人喜歡預期事情走向，而不是冒險。如果你進入就業市場時，想要掌控公司這種害怕不確定性的心態，那麼你可以在面試中採取更有策略的行動來創造這種確定性。

首先，你可以用第二階段的「描述你的新身分」練習作為開始（七十一頁），這段文字可以幫助你撰寫出介紹自己的草稿（是的，即使氣氛輕鬆的面談也需要打草稿）。如果需要靈感，可以借鑑多布勞和希金研究中的明確身分範例。使用一些可以傳達信心的語句，例如「根據我的職涯規劃，未來方向顯然是……」，可以減輕招募經理不確定你是否準備好轉職的擔憂。

避免使用會暗示你仍對未來方向不確定的語言，例如：「我可能想成為經理，但我也可能只想從員工做起。」經理和員工這兩個職位是完全不同的角色，應該在申請工作前就要知道自己的選擇。而在社會心理學領域，研究生候選人在面試中最常犯的錯誤，就是讓我得知他們同時申請了社會心理學和臨床心理學的博士課程。差別聽起來不大，但對於學者來說，差異十分巨大：兩者完全是不同領域，職業軌跡也大不相同。如果在面試中不知道自己想選擇哪一邊，就等於還沒準備好進入博士階段。所以，至少不要在面試人員面前表現出這種猶豫不決。

在擬定草稿時，請記住，承認自己有需要加強的領域是好事。不要將身分明確的程度與過度自我推銷混淆。招募人員想要找的人才，既得了解自己未來想做什麼，也要有明確想達到的目標，並知道需要接受哪些在職培訓。

描繪從「那端」到「這端」的故事

多數人在職業生涯中往往是曲折前行；很少有人從小就知道自己想做什麼，還可以堅持向前。然而，面試人員還是會希望聽到你如何從「那裡」走到「這裡」的完整故事。

我還記得自己在研究所畢業後申請教職時，第一次嘗試講述自身故事的經驗。學術職位申請書中的敘述與你的研究有關，應該像短篇故事一樣，包含情節、主角（即撰寫者）以及少數其他角色（如合作者和指導教授）。但問題在於，我花了兩年時間進行了一系列失敗的研究，內容大多跟謊言偵測有關，而這些研究對推進情節的幫助有限。不幸的是，當時我的職涯歷練還不夠成熟，能夠展示的出版刊物並不多，無法跳過這些內容。有鑑於此，我必須讓這些失敗的研究看起來像有意為之，或者其中至少得帶來一些收獲。

這並不容易。老實說，我還是無法自然運用這種技巧。

但我學到了一點：**找到昨天和今天經驗之間的相似點，是讓曲折的過程看起來**

是出於計劃的重要關鍵。對我來說，這代表需要找到一些在謊言偵測研究中，能啟發下一步職涯的內容。推動情節發展的不是這些研究的結果，甚至也不是研究主題；而是研究方法。這次在謊言偵測上的失敗嘗試，是我第一次在實驗室裡設計的真實社交互動研究；這研究啟動了我作為科學家的身分認同，開始研究日常生活中不安和焦慮的種種時刻。

我訪談的許多雇主本身也有轉職經驗，深知這種技能的價值。以伊森．毛奧（Ethan Mao）為例，他在成為招募人員前是捕龍蝦工人。我請伊森描述他的職涯時，他不僅談到所做出的轉變，還講述自己如何以新穎有趣的方式將技能轉換到下一份工作。伊森離開捕龍蝦產業的原因，是他在大學時進行的一項研究。該研究預測了緬因灣龍蝦數量的短缺。而他進入徵才產業，則是因為當時女友的工作就是招募人才。但這是他敘述的版本：「年輕時，我同時受僱於大型商業船長，也雇用了像我這樣的員工來從事我自己的捕龍蝦工作。因此，不論是當上司還是員工，我都能如魚得水，同時也能與客戶和面試候選人打交道。」

伊森意識到，他能夠在捕龍蝦產業中為大型商業船長工作，同時也雇用其他捕龍蝦工人，這個概念與公司徵才過程中，擔任公司與求職者之間的橋樑非常相似。

這就對了，在表面上毫無關聯的兩個職業之間，伊森找到了連接點。

面試時應該問哪些問題？

藉由「沒有人告訴我」的這些資料，你體驗到了公司沒有明確說明職場的規範和期望時，可能會遇到的「驚喜」。許多我建議提問的問題，都是為了揭露這些潛在的「驚喜」。

面試過程中，你要尋找的跡象是，公司正努力縮小知道與不知道職場潛規則的員工之間的知識差距。即使是那些在其他行業中已經是專家的轉職者，在剛開始工作時也會需要引導：從如何進行績效評估等大流程，到提前多少時間向老闆請求會議時間等小事情，都包含在內。

詳細說明每人角色的手冊和資源十分重要。但同樣重要的是，職場也應努力為還沒建立人脈的新員工提供建立人際互動的機會（記住，有三分之二的人脈都來自於公司或產業）。我最喜歡的一個例子，是工作中的兩塊板子：「我擁有的（技能或資源）」和「我需要的（技能或資源）」；這兩塊板子能讓員工更容易找到需要的人脈。記住，在工作中，知識的傳遞往往仰賴口耳相傳，但如果你剛轉換職業跑道，就會需要更具體可靠的方法來學習新事物。

關鍵問題

以下是一些關鍵問題，在其他章節中我會再次提到這些問題。無論你對哪類型職業追求者認同最強烈，這些都是在所有面試中值得反思的好問題。在結束這五個問題之後，還有一些為身分危機的職業追求者量身打造的問題。

面試的目標是什麼？

多數面試人員在面試前，會提供一些在實際面試中預期會提問的細節，前提是你有問出口。例如，內部招募人員梅根・柯納特（Meghan Conaty）告訴應徵者，在面試時，他們需要實際處理一個商業案例，而她會提供一張說明評分方式的紙。這種「驚喜」式的面試方法，可以讓面試者做好準備，以最佳狀態登場，而不是以最焦慮的狀況出現。面試人員願意提前提供問題，是公司不採取「抓到你了！」這種突擊測試的一個好現象，他們不會故意讓應徵者措手不及。如果你提問了，但得到了強硬拒絕，請把這看作是一個警告訊號。公司可能尚未確定面試架構，這種情況通常發生於在明確定義角色之前，職缺描述就已經發佈了。

在其他情況下，面試流程需要足夠完善，確保每位應徵者都會被問到一套問題，但所得到的資訊卻不足以確認是誰在問問題。伊森．毛奧提醒我，在第三或第四輪面試中，才發現你被問到重複的問題，這種情況並不少見。有時候，公司採取這種做法是為了確認答案是否一致，但面試不應該感覺像《今天暫時停止》（*Groundhog Day*）這部電影不斷輪迴。對於「為什麼這些問題要再問我第二次？」這個問題應該要有合理答案。

這個職位是如何成立的?

如果你問第一個聯絡窗口（再問第二和第三個）這個問題，很快就會發現「這個職位是如何成立的？」可以有很多答案。我訪問的招募專家建議你收集所有面試人員的答案，因為面試人員間缺乏共識，可能代表這個職位沒有明確定義。有位我曾聊過的主管為自己的工作成立了新的私人助理職位，但其他幾位也想要私人助理的主管卻認為這是為「他們」成立的。最終，新雇用的私人助理只上任了兩個星期。可惜她沒有問每個面試人員「這個職位是如何成立的？」如果有，每個人都會回答：「因為我需要一位新的私人助理！」

你可能還會想要追問，「這個職位是否招募了好幾次？」徵才廣告常常會因各種原因撤下再重新發佈，從「需求改變」，到「我們沒招到適合的人，所以這次決定擴大招募」，這個簡單的問題可以幫助你更了解公司內部動態。

你與招募經理的接觸有多深?

這個問題是專門針對與招募人員的面試。轉職教練艾琳・安德森（Erin

Andersen）建議，盡可能了解不同位置的面試官之間有多少共同認知，因為你的未來老闆可能離面試過程非常遙遠。她告訴我：「招募人員最大的問題是，他們自己不是部門員工，因此並不真的了解這個職位。」可以問問招募經理：「你和我的未來老闆有多少接觸機會？」你的老闆離面試人員越遠，承諾提供的薪資與福利最終無法實現的可能性就越大。

對於某些工作，徵才廣告撰寫者的地位太高，因此在面試期間與他們接觸並不現實，比如執行長這個角色。伊森・毛奧的建議是，可以要求在面試過程中與不同員工見面（包含你即將加入的團隊成員）。職位與你平行的員工，可以讓你了解這份工作的日常狀況。這又帶出了下一個問題。

你能告訴我這份工作的日常狀況嗎？

大多數和我聊過的招募人員都建議，可以在面試過程進展到後期（第三或第四輪）時提出這個問題。在這個階段，事情開始變得更加具體。記得我在開頭介紹的每日壓力測試中的結果，留意過去讓你感到壓力的事情（比如行事曆中的會議在前三十分鐘遭取消）。了解這些壓力觸發因子，以及你的必備清單，可以引導你在尋找適合工作時問對問題。

威廉．廷卡（William Tincup）在擔任廣告公司老闆時，經常運用日常生活技巧來確保求職者對工作有實際的了解。他告訴我：「除非求職者來跟我們一起上班一天，否則我不會考慮僱用他。」「這一天不是讓他來工作，而是來體驗辦公日常，沒有任何特殊安排。」這裡的關鍵是「沒有特殊安排」。辦公室有多吵雜？有多少人會出席？工作節奏有多快？資深組長是對組員是大吼大叫還是耐心溝通？這些事情都可以從工作環境中推測出來。

我可以在辦公室面試嗎（如果有機會的話）？

最近有很多討論都是關於應該在哪裡面試，尤其是混合辦公或在辦公室工作的職位更是如此。我談過的多數專家一致認為，在辦公室面試更適合，特別是如果那間辦公室是你將來工作的地方更好。

艾琳．安德森告訴我：「看看面試地點，無論是小會議室或大會議室都無妨，通常會有策略地選在辦公室的前方。應徵者不會自己穿越整個辦公室抵達面試地點。」根據她的經驗，這種安排是好跡象，代表辦公室中的其他區域沒有刻意安排。如果你要求參觀辦公室，很可能會看到人們在自然狀態下辦公的樣子。參觀完辦公室後，問問自己：「員工看起來快樂嗎？他們有各式各樣的特色嗎？他們投入工作嗎？如果是午餐時間，員工會坐在座位前，還是會去休息？」艾琳甚至建議求職者要求在午餐時間面試，以獲得最後一個問題的答案。

艾琳了解辦公室環境的方法是基於社會科學研究，也就是透過生活環境來衡量員工個性。像員工坐在那裡，管理層與其他員工的距離，以及辦公室中小廚房的狀況（最近六個月內是否有人使用？）這些小事情都能看出辦公室的氣氛。

為身分危機職業追求者量身打造的問題

除了上述問題之外，如果你正面臨身分危機，還有一些重要問題應該提問。

這份工作需要多少實務經驗才能有好表現？

我花了很多篇幅說明如何以讓僱主感興趣的方式來闡述技能，但在某些職業中，實務經驗不可或缺。這一點在「沒有人告訴我這些」的練習中有很明確的體現，其中有許多不受歡迎的「驚喜」，和額外的工作責任息息相關，包含只有實務經驗才能幫助新員工應對的任務（比如在藝術倉庫裡搬重物）。實務經驗往往能讓人接觸到工作中不那麼為人所知的一面，但除了學習新技能之外，還有另一個好處，就是能幫助你建立人脈。

紐約市髮型設計師約書亞．巴比里（Joshua Barbieri）在九零年代畢業後，到舊金山擔任維達．沙宣（Vidal Sassoon）的學徒，向他學習實務經驗。這段期間，他被迫做了許多事情，比如把一位女士的華麗金色秀髮剪成「奶奶專屬髮型」，因此學會了如何安撫不滿意的客戶（顯然還有虐待狂老闆）。對約書亞來說，真正重要的不是實務操作經驗，而是因此而建立的人脈。在沙宣底下工作，幾乎就像獲得一把打開隱形職業大門的鑰匙。有了這把鑰匙，約書亞藉由沙宣的推薦建立了一份令人稱羨的客戶名單。而過往經驗對於在這個產業中拓展自身業務十分重要。

令人驚訝的是，牙醫的運作方式也十分相似。自己開設診所的牙醫，通常會仰賴一位更有經驗的牙醫，與他們共享辦公室和患者。許多人會在資深牙醫準備退休時接手買下患者名單，這樣就不需要自己再去建立一份新的。與更有經驗的牙醫合作的實務經驗，事實上就相當於購買了一整本客戶名單。

是否有針對我這類型職業追求者的實務培訓？

「身分危機」型的人未能成功進入新行業的最大原因之一，不是因為沒有可以應用的技能，而是因為沒有協助將技能轉換到新環境的支撐結構。學習不會像滲透作用一樣自然發生，學習是在公司為了保證員工不會列出冗長的「沒有人告訴我這些」清單而採取具體行動時，才會真正發生。其中一種行動就是培訓。

面試過程中，詢問公司是否有為像你這樣的轉職者提供正式培訓。舉例來說，如果你從事銷售或市場行銷的工作，是否有機會看到成功與失敗的客戶提案是什麼樣子？是否有人可以培訓你，確保你的提案也能一樣成功？你是否接受與客戶議價相關的培訓，並從中學會如何向客戶推銷更多產品（行話是「追加銷售」）？

這些資源不僅能幫助你學習，還能減少在開始工作時，需要寄出的求助信數量。多數人都能體會那種無助感：在有人回信前，你什麼都不能做。向他人學習是一件好事，但完全依賴他人來完成工作中的基本任務則並非如此。

面試過程中，也要詢問回饋機制為何。如果你讀過我的書《累死你的不是工作，是有毒同事》，就會知道我非常喜歡頻繁提供且具體的回饋。對於新人來說，這種類型的回饋十分重要。學習過程中，有一部分就是要接受這種回饋，而你的面試人員應該要能向你說明回饋機制如何運作。

最後，詢問是否有實際學習的期間。這裡指的不是三個月「學習期」，這期間沒有人衡量你的工作品質，而是指你可以獲得所需實務操作經驗的期間。如「我能否跟著對這個職位很有經驗的員工學習？」和「我是否會收到及時回饋，以了解我的進度？」這樣的提問十分合理。

像我這樣的轉職者，過去失敗的最常見原因是什麼？

我非常喜歡問面試人員，人們失敗時會是什麼樣子。聽起來可能有點消極，但原因很簡單。雇主通常會對失敗的原因瞭若指掌，這就是後見之明，以及失比得更有福的道理。雇主會記得在徵才階段犯的錯誤，包含忽略了哪些技能，以及沒有預期到哪些狀況，才導致了最終徵才失敗。

珍妮特是位公司總裁，她很早就意識到，「身分危機」這類型的人在顧問業失敗的主因之一是，儘管對銷售的產品擁有豐富知識（而且很多人擁有心理學博士學位，這使他們成為研發部門的寶貴資產），但他們面對客戶的實務經驗很少。這些轉職者的上一份工作通常是在實驗室裡做研究，因此很難抓到與客戶之間的界線。有很多人都因為承諾客戶無法給出的商品而陷入窘境。歷經幾次徵才失誤後，珍妮特訂定了一條新規則：不論求職者對內容多麼了解，若沒有與客戶直接合作的經驗就不能雇用。她自己也曾經轉職，在一家諮詢公司工作了幾個月，在與客戶的電話會議上列席旁聽，直到其他同事同意她開始發言。

你的面試人員應該要能夠回答「為什麼上一個求職者失敗了？」這種問題，並提供具體行為範例。如果他們用模糊的話術來回答，比如「他們只是沒有達到我們的期望」，那麼他們並不了解失敗的真正原因。你想要工作的環境應該是，公司了解你的起點是轉職者、知道你可能在哪些方面會失敗，且會預先採取措施防止失敗發生。

每個階段的重點

第一階段：

◆ 了解你對舊工作的認同程度，在進入下一階段前多次衡量，尋求一致性。

◆ 了解是什麼原因讓你對職業身分的感覺起伏不定。

第二階段：

◆ 運用「三件事練習」來列出你目前掌握的技能：你在工作中需要執行的任務是什麼，執行該任務需要什麼技能，以及執行該任務的場合是什麼？

◆ 建立一個由具備不同經驗、在不同公司工作、以及職位不同的人組成的人脈。也就是說，去認識掌握不同資訊的人。

第三階段：

◆ 持續經營人脈並進行職業相關的對話，重點聚焦於在同一產業但不同公司工作的人，這樣就能深入了解你未來工作的日常樣貌。

- 了解隱藏知識（在公司網站上未公開的規則和規範）以及新的行話。

第四階段：

- 為想要求職的每份工作建立量身打造的履歷和求職信，詳細說明如何將目前技能運用於新工作。將面試視為雙向的管道。提出一些問題，以深入了解工作中的隱藏規範，也了解你預期需要擁有的技能和經驗。徵才廣告中不會提及這些內容，但公司會抱持這樣的期望。

第二章　漸行漸遠

☑ 我曾經熱愛我的工作，
但我現在已經認不出它了。

「我真的難以相信，以前每天都要歷經這段煩人的通勤時光。」

米亞是位行銷專家，非常難以適應「你必須親自回到辦公室」這種要求。疫情趨緩已經兩年了，但現在每週還是有幾天必須實體上班，這帶給米亞的感覺就像中學時必須穿制服一樣，受到強迫與限制，對她是否能完成工作毫無幫助。

多數人都能理解米亞的挫折感。沒有人喜歡被迫回到辦公室，特別是這樣的安排除了改變工作環境外，幾乎沒有其他任何意義。不過這次談話讓我有些意外。米亞以前其實很喜歡上班。但是在社交互動縮減到只能在電腦螢幕上的小方格進行時，她看起來非常不快樂，所以我以為她會是第一個想要回到辦公室的人。

米亞告訴我：「說實在的，我們現在連自己的辦公室都沒有了。公司推出一個叫做『飯店辦公』的模式，我們在『實體上班』的日子裡，基本上是去不同的飯店會議室開會。」許多公司不想支付昂貴租金，所以開始在不同地點租用空間，飯店空間也在考慮範圍中。

我問她是不是因為這種臨時辦公室而感到不滿時，她有點猶豫：「也許吧，我也說不上來，很多事情都不一樣了。」米亞感到不滿的原因似乎模糊而難以分辨，不容易具體描述。而背後的問題似乎也不僅是一兩件事情出問題，而是整個工作氣氛都不同了。同事看起來不再像以往那樣投入，也不再願意互相幫助。他們在「辦公室」裡像無聊的殭屍一樣無所事事地閒晃，沒有人關心是否能談成交易。這給米亞的感覺就像曾經色彩繽紛的世界，現在已失去光芒。

對於像米亞一樣屬於「漸行漸遠」這類型的人來說，最大的挑戰是需要先找出問題的源頭，或者工作中到底哪裡改變了。米亞列出了一些可能的原因。首先是由於疫情而導致的的預算削減，員工不再擁有讓辦公室更加舒適的某些設施。接著因為經濟衰退，有些人遭到裁員，留下來的人也沒有獎金可領。更糟的是，像米亞這樣留下來的員工，往往會感覺工作量不如以往，也沒有充分發揮自身能力。現在公司經過重新調整後，米亞的工作內容與以往不同，變成需要負責她以前的工作加上其他人的工作。儘管有時間去做，但卻不具備相關專業知識。整個狀況聽起來十分混亂。

我問米亞，公司需要如何改變才能找回昔日狀態？但她坦白說，她真的不知道。過去幾年，米亞會注意的事情也有所不同，以前「成功簽了大客戶」這樣的成就感已經無法再讓她滿足，但她也不太確定這是不是主要原因。像許多「漸行漸遠」的人一樣，米亞能記得以前有哪些事情以讓她在工作中獲得快樂。但她知道目前狀況並不是她想要的，而且她也不知道該如何解決問題。更重要的是，她一直試著將工作中的重大變化（裁員、砍預算和重新調整），與日常工作中的小變化（不用心的同事和內容乏善可陳的會議）連接起來。但想要看到這些變化之間有何規律是個挑戰，也是大多數人都難以應付的問題。

「漸行漸遠」的上班族是什麼意思？

適合閱讀本章的讀者，是以為自己知道在工作上想要達到什麼，並可能曾經達成的人。但現在他們覺得自己在工作中脫節，甚至因為周遭發生的許多變化而心生不滿。現在的工作已經不是他們熟悉的樣子，也擔心如果繼續待下去，不知道自己會變成什麼樣的人。

從心理角度來看，與工作漸行漸遠的感覺，就像和伴侶漸行漸遠的感覺十分類似。曾幾何時，你無法想像自己可能會離開這個人。你們可以連續聊好幾個小時的天，覺得自己跟對方是天作之合。但現在，你並非身處令人尷尬的約會行程，疑惑自己為何曾經認為這個人如此迷人；你其實是身在與客戶或同事的會議中，假裝自己對你們正在一起努力的「新計劃」充滿熱情。你按部就班地繼續工作，但是問了自己：「這段關係的轉折點是什麼，到底哪裡出了問題？」

但就如同多數冷卻的關係，變心並非在一夜之間發生。與此相反，是由於一系列的小事，隨著時間不斷累積，逐漸侵蝕了你從工作中獲得的意義。在第二階段之中，了解為何你開始感到不快樂十分重要：可以藉此得知你理想的未來職業是何種面貌。為此，你需要啟動偵探精神，了解在工作中發生不同變化之間的關聯為何——從大的變化（比如居家辦公政策的改變）到日常變化（比如你通常需要多少小時來完成某項工作）都需要有所掌握。

我們感覺自己與工作漸行漸遠時，通常第一步都會列出讓我們感到不快樂的事情，這樣在找下一份工作時，就能知道該注意什麼。這份清單通常會比較現在與過去的狀況：「我以前有兩週時間來完成一份新報告，現在只有兩天。」或者：「我以前和一個陣容堅強的團隊合作，其中有五名成員，但裁員後，沒有經驗的新員工取代了他們，我甚至記不住新員工的名字！」

「漸行漸遠」這類型的上班族通常會把注意力放在失去的事物。事實上，在所有關係中都是如此，與工作的關係也不例外。

我的建議是採取不同策略。先退一步，思考所經歷的職場變化，無論是好的還是壞的都去思考。比如你旁邊坐了誰、你的上司是誰，以及是否有大家都須學習的全新軟體系統，但只有少數人能真正學會。以上是你看到和感受到的變化。

接下來，思考那些看不見的變化，也就是大的結構性變化，超出了你的控制範圍，往往也在你注意的範圍之外。聚焦於組織層面的變化，比如領導團隊的變動、居家辦公政策以及預算的改變。

我們通常看不到這兩種變化類型之間的關聯，但就像木偶師手裡控制的線一樣，這些由上而下的變化深深影響著你工作中的一切事物。從今年你是否有可能加薪，到你的上司對你提出的要求，這些都不斷變化著。踏入第二階段和第三階段時，你會希望你的人際關係網路可以解釋，組織變化（如預算縮編）是否影響了團隊組成結構，以及這樣的變化是如何帶來影響的。

在這段探索之旅的尾聲，我會告訴你該如何評估過程中的變化。在所有漸行漸遠的關係中，會更容易看到另一方（即工作場所）的變化如何導致關係退步。不過大多數情況是雙方都在改變。這一章將會幫助你了解，從你開始感到與工作脫節以來的這段時間，你是如何成長的，包括你的目標和動機如何變化，以及你如何在工作中找到自己的意義。我也會建議你以不同角度來看這些變化：**隨著時間推移，我們不一定會變得更好或更差，但就是會有改變**。

這一章的目標是幫助你拼湊起這些線索，藉此了解你為何會陷入這種處境。你可能無法控制讓你感到脫節的工作中包含的重大結構性變化，但你會意識到是哪些變化造成這種感覺。這會幫助你在接下來的職業探索階段提出適合的問題，確保在面試過程中接收的訊息與從工作中得到的一致。面試和入職過程中經常發生誤會。對於「漸行漸遠」這類型的人來說，在過程中發現這些小誤會，可以有效減少在新工作中「漸行漸遠」的可能。

第一階段：為什麼我在這裡不快樂？

想像一下，你像米亞一樣都注意到職場發生了一些變化，從裁員到重組，似乎都影響了你的工作方式與同事。在表達不滿時，米亞的直覺讓她將原因歸於「大」層面的轉變，也就是聚焦於組織層面的變化，比如裁員和預算縮編。但相反地，我建議首先要聚焦於「小」變化，也就是對你有直接影響的變化。

我在工作中經歷了哪些變化？

我在下一頁列出了十二個職場中常見的變化，這些都可能引起令人不適的心理改變，其中包含不確定性的增加，以及自主性和心理安全感的降低。自從你開始感到「漸行漸遠」以來，曾經經歷過哪些變化？

請勾選所有相符的選項：

我工作的變化

- □我的團隊成員
- □我同時負責的工作量
- □我的工作職責
- □我的匯報對象（老闆或團隊主管）
- □我工作中會實體接觸的人（即使不直接共事）
- □完成工作所需的速度
- □我的工作時間
- □除了公事以外和我互動的人（一起喝咖啡、在走廊聊天的人）
- □我的老闆或主管負責管理的員工人數
- □我與主管或老闆會面的頻率
- □我負責管理的人數
- □我的出差次數

你勾選了幾項變化？

我邀請兩百位曾經熱愛所屬工作的人也做了這項測驗，發現最常見的變化與我們共事的人相關——老闆、主管、同事以及我們會實際接觸的人，此外也包含工作職責和任務的變化。最常見的變化包括：

- 我的團隊成員（百分之八十一）
- 我同時負責的工作量（百分之六十九）
- 我的工作職責（百分之六十七）
- 我的匯報對象（百分之五十八）
- 我工作中會實體接觸的人，即使不直接共事（百分之五十七）

人們會感到與工作「漸行漸遠」，是因為工作中的人際關係有所改變。許多人還注意到自己的工作內容有所改變，從入職時談妥的職責，轉變為現在的工作內容。

我所經歷的這些變化，是否是受到上層的組織變化所影響？

現在你已經列出了感受到的小變化，接下來可以開始思考更廣的面向：是否有大規模的公司變動，能夠解釋你經歷的這些變化為何發生？或許，像米亞一樣，你經歷了公司重組，這改變了團隊的組成方式，進一步影響了你的工作內容。我剛才把這兩件事的前因後果聯繫在一起，但要在現實中將這些大型的職場變化與日常感受到的變化連結起來，其實並不容易。很少有人在工作中能有大局觀；我們通常都看不到幕後的決策對我們有何影響。

為了縮小訊息差，我直接訪問數十種產業中的一百五十位決策者，這些人負責在幕後策劃，也是職場變化的推手。

我提供他們兩份清單，一份是員工所經歷的十二個職場變化，另一份則是十個組織層面的變化，並請他們在兩者之間互相配對。結果是，他們能在組織層面的變化與員工日常工作中感受到的變化之間，順利連出多條線。以下是組織層面的變化清單：

組織層面的變化

- □獎金、加薪和薪資的結構變化
- □團隊重組（如將兩個團隊併為一個團隊）
- □居家辦公政策的改變
- □新任 CEO 或高級主管的到來
- □裁員
- □影響工作方式的新軟體系統
- □搬到不同的辦公室
- □辦公室佈局
- □公司與其他公司的合併
- □全球經濟

有趣的是，我發現只有百分之十六的決策者，會將「漸行漸遠」這類型的員工所經歷的前五大變化，與組織層面的變化互相連結。相較於研究中有百分之五十的決策者表示有感受到這兩種變化類型，這個連結的數字相當小。即使是負責策劃或推動重大變化的關鍵人物，同時也見證了日常工作變化的人，也不容易釐清一個變化是如何影響另一個變化的。

我們很容易得出是宏觀層面的變化逐漸帶來影響的結論，覺得「在裁員和預算縮編之後，我的團隊成員全換了，因此想避免在可能會裁員和縮編預算的地方工作」。但這些分析顯示，即使負責的是裁員和縮編預算工作，也看不到他們之間如此明確的連結。因此我們完全不能預設這些連結在現實情況下，也如同我們腦袋裡思考的那樣清楚明顯。在第二階段和第三階段，如果你的人際關係網路中有人這樣回答，請詢問他們是**如何**將這些變化連結起來的，而不僅是回答「是否有連結」。因為你想了解的是這些連結確實存在的證據。

最後，請確認自己也有去了解那些預料之外，或不在觀察範圍內的變化。讓我很驚訝的是，「全新軟體系統」在決策者連結的前五名變化中出現了兩次。在解釋為什麼在工作中不快樂時，我們通常會聚焦於人人都在談論的變化，比如裁員、預算縮編以及全球經濟的影響。但往往是那些暗中影響著我們的工作，並以出乎意料方式發生的變化，才是不快樂的主因。若想找出這些變化，可以問問你的人際關係網路：「你最近有沒有注意到，公司裡有令人驚訝或意想不到的變化發生，比如更換軟體系統？」你希望引導他們跳出框架思考，揭露這些隱藏的因子。

從開始在這裡工作以來，你變了多少？

現在你已經大致了解工作場所變化的相關資訊，所以是時候轉變角度，來思考你自身的變化了。到目前為止我們聚焦的方向都在於，職場變化是導致你對工作漸行漸遠的主因。但其實你本身也可能發生了變化，但往往不易察覺。隨著時間推移，許多人的價值觀、目標，甚至是性格特質都會有所改變，但過程中卻不自覺。

事實上，心理學家納森．哈德森（Nathan Hudson）與同事發現，核心人格特質的變化通常難以察覺。他們有一項為期十六週的縱向研究，在研究一開始，他們讓受訪者評估自己的「五大」人格特質（包含外向性、親和性、盡責性、穩定性和開放性）。這些特質不僅是人們自我感知的核心部分，也是預測行為的重要指標。接下來，這些受訪者每隔四週，會再次評估自己的大五性格特質，並評估在過去一個月中的性格變化程度有多少。他們發現了什麼？

對於自己在研究期間的性格變化狀況，大多數人理解的準確度大約落在中等水準（亦即在有變化的狀況下，大約百分之六十的人能大致知道變化的方向和程度）。但如果他們理解錯誤，那確實是錯得很離譜。在這些特質中，將近百分之四十的受訪者發現，自己的實際變化與先前記錄的截然相反。受訪者根本沒有認真追蹤自己隨著時間推移所記錄的自身變化。舉例來說，百分之二十五的人認為自己變得越來越外向，但實際上在研究期間的記錄卻截然相反。另有百分之十的人認為自己變得沒那麼外向，然而記錄卻顯示他們變得更加外向。

那麼「漸行漸遠」這類型能從中學到什麼？我們對自己變化的認知，不一定與實際變化一致。我們依時間記錄自身變化，但卻顯然不擅長追蹤其結果。你可能認為自己毫無變化，只有工作變了；也或者你覺得自己變了很多，而且方向可能是正面的：變得更有智慧、更負責任或更有能力。正如納森・哈德森的研究所示，兩種誤解都可能發生，但讓我們看起來更好的那些誤解，更常讓我們誤會。

我常發現自己說這樣的話：「我絕對不像二〇一九年一樣那麼懶了！那年很多時間都花在看直播上面。」但老實說，我現在可能更懶了，直播觀看時數可以證明這點。但我想貶低過去懶惰的自己也合理。隨著時間過去，大家都想進步。納森・哈德森和同事在研究數據中觀察到了這種模式：多數人都對進步情況自我感覺良好。「漸行漸遠」這類型的人也常有這樣的誤解。我問受訪者認為自己的能力已經超越工作多少，以及工作的變化超越能力多少，並請他們用一到五分的區間來為這兩題評分。多數人兩題的答案相差約一點五分，傾向於認為自己的能力已超越工作，而非工作超越自己。我們更進步，工作更退步。

第二個誤解是，我們把變化想得太抽象，這可能會讓實際的變化狀況模糊不清。研究中我請「漸行漸遠」的一半受訪者填寫五個這樣的句子：「我以前是＿＿，現在則是＿＿」，並依照此提示作答：「我們想知道你從工作開始變化後，認為自己有所改變的地方。」

多數人的答案聚焦於情感方面：我以前很快樂，現在很累；以前很感興趣，現在覺得無聊。專注於過去和現在的感受差異十分正常，但對求職並不實用。你應該列出希望在下一份工作中可以看到的具體事項。

為了讓回答更具體，另一半的「漸行漸遠」受訪者得到以下提示：「我以前喜歡X，現在更喜歡Y。」這樣的回答方式直接展現受訪者真正的需求。

- 我以前喜歡面對面會議，現在更喜歡線上會議。
- 我以前喜歡單獨工作，現在更喜歡開放式辦公室。

有個讓我十分驚訝的發現，是受訪者做出的平行比較數量：不一定變得更好或更差，只是變得不一樣了。平行變化在生活中常常發生；開始更愛喝茶而不是喝咖啡，喜歡早睡而不想晚睡。工作上也會出現平行變化，但我們往往沒有意識到。過去可能喜歡開放式辦公環境，但現在更想在家工作。

所以在思考下一步想要什麼時，請從「我以前喜歡X，現在更喜歡Y」這句話開始。不要用「我過去是X，現在則是Y」的句子來思考，這種提示會誤導你。

試試看：

我以前喜歡＿＿＿＿＿＿＿＿，現在更喜歡＿＿＿＿＿＿＿＿。

建立偏好清單

第一階段中，我要你思考許多變動的方面。你該如何組織所學，在第二階段發揮最大功效？目標是為未來求職建立一個偏好列表，並以具體形式撰寫。要建立這樣的列表，可以參考偏好練習（我以前喜歡X，現在更喜歡Y），然後從「我的工作變化」檢查清單中選出與該偏好最相關的想法，並將兩者結合起來。例如，想像一下，你發現與老闆的會議出現令人不悅的改變：以前每週進行且時間固定，但現在變得很臨時。在偏好練習中你還發現，你以前在工作上更喜歡保有自主性（想單獨工作），但現在選擇與會明確帶領你的上司共事，真心想為一個會定期給予回饋建議的老闆工作。固定的會議時間和明確的回饋系統：這兩件事緊密相關。

列出偏好後，請按優先順序排列，如此就能獲得一份含有三個類別的清單：必備條件、理想條件，以及願意妥協的條件。這三個類別在第二階段的過程中可能會有所調整，但目標是先建立起點。

第二階段：我理想中的未來職業是什麼樣子？

在很多方面，「漸行漸遠」這類型是這本書提到的求職者中比較幸運的人。他們知道熱愛工作的感覺；困難點在於如何弄清楚該做什麼，才能再次帶來相同感受。為此，第二階段會圍繞在「漸行漸遠」這類型需要回答的三個主要問題：

1. 我是否足夠了解行業的變化速度，而不僅只了解我的工作？
2. 若了解，行業變化是否非常劇烈，讓我可能需要考慮轉職？
3. 若我很想繼續留在這個行業，有多可能找到能滿足所有必備條件的職場？

接下來，我會詳細說明各個問題，並提供指引。與「身分危機」類型相同，

「漸行漸遠」這類型也會學習特定人脈互動策略，來表達特定的需求。

我是否足夠了解行業的變化速度？

有可能你漸行漸遠的不只有工作，而是整個行業。很多人感覺到，各行各業近幾年變化得非常徹底，讓我們進入了混亂時代。但並非所有職業的變化速度都相同，有些職業仍十分穩定，而有些卻經歷了巨大變化。

如果你不確定目前職業是否正迅速改變，可以從探索「未來工作」領域開始，藉此了解大範圍的變化。例如，美國勞工統計局針對幾個面向提出報告，諸如就業成長率、薪資，以及獲得工作的所需技能等。麥肯錫公司也針對依然穩定的職業（與溝通相關的工作，如顧問）、正在衰退的職業（與資料收集和處理相關的工作，如會計師與律師助理），以及發展中的職業（與醫療保健有關的工作，如醫療和護理）等提供分析。

在「身分危機」一章中，談及了如何藉由要求對方完成「在我開始這份工作之前，沒有人告訴我……」這樣的句子，來找出工作中的職場潛規則，目的是在踏入不熟悉的職業前能掌握所有細節。「漸行漸遠」這類型也得找出隱藏資訊，但具體而言與工作變化有關。和擁有你理想工作的人交談時，詢問他們：「過去幾年中，你的工作經歷了哪些別人沒提起過的變化？有哪些變化會讓新人感到驚訝？」

你的目標是從交談中捕捉尚未正式記錄的變化，這些變化並非人人都會發現，也還沒記錄在全球工作報告中。問問題時從小地方開始思考。人們擅長回憶日常工作生活中的變化，這些改變可能讓狀況變得棘手，也可能讓生活出乎意料變得更好。我最近住院時了解到了這件事。住院過程中，護理師最常討論的話題就是醫院的新停車政策（以前可以停在病患專屬的停車場，但現在必須停在附近更遠的停車場）。暫時離開醫院午休（時間很短）現在更不可能，員工每天得多花二十分鐘才能抵達上班地點。這個小變化顯然可能是由某個上層安排的，原因未知，但對工作日影響巨大。如果這樣令人不悅的變化再多幾個，那麼明年這些護理師中，會有一半成為「漸行漸遠」這類型的人。

我的工作是否朝著全新方向發展？

開始與工作中的同事建立人脈後，與變化本質相關的主題會慢慢浮現。有些變化太劇烈，導致你可能會懷疑工作是否朝著讓你不適應的新方向發展。要找出這種變化類型的好方法之一，就是詢問人脈與日常任務變化有關的問題：「你執行的任務是否變化很大，導致現在的工作已經與過往的狀況截然不同？」如果對方的回答很肯定，那麼你可能面臨了更大的行業變化。

我和翠西聊過，她原本是學校的心理師，後來轉職為治療師，也面臨了這樣的變化。「我擔任學校心理師初期，工作內容是與真正需要幫忙的青少年一對一諮詢。他們家裡常常有大問題，很多學生曾經遭受虐待。我當時覺得自己真的在改變他們的生活。但後來工作內容變了。我整天都忙著測試學生的個別化教育計畫（IEPs）分數。我發下測試題目，打分數，然後寫報告。測試學生的確是學校心理師工作的一部分，但不應該佔據所有時間。而且這不是我起初想選擇的工作。」

翠西最後發現，改變的不僅是學校心理師的工作內容，而是整個職業都發生變化。能為學生測試並有效率地打分數，比幫助學生解決衝突與處理情緒問題更有價值，至少在翠西工作的地區是這樣。藉由與其他學校心理師的交談中，她發現了這一點。對翠西而言，職涯中重要的一部分，就是意識到自己需要的不僅是換職場，而是換職業。她重回學生身分，取得臨床心理學碩士學位，並開始踏上轉職之路。根據她的狀況，她與「身分危機」一章比本章更相關，對你來說可能也是如此。

但如果你發現職業的變化沒有劇烈到讓你想退出，那麼請回到偏好列表。到目前為止你已經收集足夠資訊，可以自信地告訴自己：「這是我想要堅持下去的工作。」我在本章接下來的內容中給出的建議，是專為希望從事相同職業，但想更換公司的求職者而提供的。

我該如何運用人脈來獲得第二階段的答案？

如同我在開頭和「身分危機」一章中所提及，想了解一個職業的方式就是與人交談。但若要建立新的人脈，則方法沒有對錯。我會詳細說明建立人脈的對象，但請記住，人脈建立過程並非「攀關係」，不用讓別人覺得交談的目的只是為了推銷自己。目標是找出大家不常討論的隱藏知識，例如會對工作生活帶來影響的日常事件，像是要走多遠才能抵達辦公室。

首先，確定想入職的公司並連絡招募人員

「漸行漸遠」這類型應採取何種策略來經營人脈？假設你已決定維持目前職業，那麼首先要確定未來可能會想合作的組織或公司有哪些。

不論那些從事你理想職業的員工在哪裡工作，為何不先和他們聊聊？第二階段中，主要目標是了解偏好之間的關聯，以及工作中變化的影響程度，是否會影響這些偏好未來能否繼續存在。通常工作中的變化會影響許多人，跨越角色、團隊和管理階層。例如：「我的工作變化」檢查清單中也包含團隊成員的改變，但即使是這種「局部」變化，所有人都有可能受到影響。在我住院的那間醫院中，受到停車場政策改變所影響的可不僅僅是護理師，連醫師和清潔工也在抱怨。你和組織員工聊得越多，就能更了解特定變化的影響範圍，進而能理解未來變化會對你造成影響的

可能性。正如第一階段所述，變化的根源可能難以追溯，即使是帶來變化的人也如此，但可以了解受到變化影響的員工有多少。

一開始可以訂下每週目標，找出一些你有興趣的公司。從公司名單中規劃建立人脈的對象。許多專家建議可以先聯絡這些公司的招募經理（可以透過 LinkedIn 搜尋找到）或負責徵才的員工。你可能會問：「為什麼交談的對象不是從事我想深入了解工作的員工？」你之後會這麼做，但現在需要先和有大局觀的人交談。

招募經理通常都掌握內幕消息，知道公司未來是否會徵才，這就是為何你不該只注意正在積極徵才的公司。梅根・柯納特告訴我，她有時會在求職者看到工作說明之前進行面試，並於見面後再為他們安排工作。招募人員也總是在找機會建立長期合作關係；目前可能沒有適合你的職位，但他們有可能在五年後再次聯絡你。

接下來，聯絡這些公司的在職或離職員工

你自然會想和從事你理想職業的員工交談，藉此詢問理想偏好清單的相關問題。過程中你可能會想盡量和多一點人談話。但經過多次與徵才負責人的交流，他

們多次提醒我，這階段最好保持克制。如果你還不了解組織內部結構，可能會聯絡到不對的人。伊森．毛奧的建議是詢問招募經理或人員：「你能安排我聯絡這個職位的在職員工嗎？這樣我就不會聯絡錯人。」或者：「要聯絡誰，才能有更多機會了解公司內部？」

開始行動時，目標是建立公司種類眾多的網絡（我會從三間公司開始）。每間公司有三到四位聯絡人。記錄這些聯絡人之間彼此認識的人數。人脈密度，即人脈中的每個聯絡人相互認識的程度，會影響最終獲得的資訊重疊程度，我在「身分危機」一章討論過這個議題。某些資訊的重疊很好，如果和你交談的三個人都為同一位老闆工作，就能深入了解三人經歷的相似之處。但過多重疊資訊可能會讓你難以總結他人經歷。如果和你交談的這三人，不僅在同一間公司上班，而且還是互相介紹入職，那麼他們的資訊可能會過於重疊。或許在你的五個必備條件中，這些人有三個符合其中三個條件，但經歷卻不適用於不屬於這個小圈子的人。唯一能找出答案的方法是與更多人接觸。

記錄共同與個別經歷

一旦你開始看到一些跡象，能觀察出某個工作是否可滿足必要條件，以及這些條件是否穩定，就該記錄員工答案的共識程度。如此一來，你獲得的資料不但能顯示公司是否滿足必要條件及穩定性，也能顯示公司的多位員工是否已獲得類似必要條件。看起來很容易判斷，但別依賴你的記憶力，學到東西時請立刻寫下來。

第三階段：開始查證事實，確認這個職業是否適合你

第二階段的目標是了解你有興趣入職的公司。而在第三階段，你會學習到如何在申請和面試過程中問對問題，確認這份工作真的適合你。對於「漸行漸遠」這類人來說，這個過程的關鍵，是確保實際工作內容與對方答應提供的工作內容一致。到這個階段，你已經知道自己想要什麼，但需要仔細評估所申請和面試的工作是否能夠滿足需求。

為本書做研究時，我發現了一個有趣的狀況：專業招募人員和求職者之間，很

容易互相誤解。通常是從小問題開始，但隨著時間經過，對工作的期望會開始分歧。小錯誤會逐漸累積，例如沒問清楚未來上司在建立徵才廣告時的參與度，或為什麼會有這個職位空缺。在面試過程中，你很容易會花上好幾週，和實際上不會成為你上司的人交談。

這些誤解可能會在工作中的多個階段中出現，因此第三階段的重點，則是每個階段中如何檢測這些誤解。我們多數人都從感情關係中了解到誤解的發展過程。在印象管理的早期階段，沒有完全坦承小小偏好時就會產生誤解，比如對於另一半的烹飪技巧有多滿意。後來隨著關係越來越成熟，他們不再假裝自己喜歡吃煮過頭的牛排，卻反而在更大問題上產生誤解。比如是否想生小孩，以及每月應該存多少錢。同樣的模式也會在工作中發生：誤解從設計徵才廣告時就開始，非常早，並會在面試階段繼續發展。但好消息是，可以透過一些明確的問題，避免自己掉入誤解的陷阱。

徵才廣告是誰寫的？

多數人都覺得徵才廣告是由未來上司所撰寫，或至少曾經過目。但我驚訝地發現，事實往往並非如此。實際上，許多職位描述都是由負責徵才和辦理入職的人力資源部門撰寫。我與許多專家談過，他們都不認為這些描述能夠準確反映工作內容。威廉・廷卡表示，通常都是「到 CareerBuilder 或 Indeed 複製、貼上並修改一些內容」，即可完成一份職位描述。

徵才廣告的建立過程往往會不斷反覆，公司會撤下廣告，進行修訂，然後再重新發佈。在最理想的情況下，求職者在面試過程中展現全新又有趣的技能，因此招募經理就會重新評估認為重要的技能組合，並建立更符合公司對求職者要求的全新廣告。

若想發現此問題，解決方法很簡單。問問廣告是誰寫的，在初期撰寫時是否徵詢過你未來上司的意見，也問問公司撤下廣告並重新發佈的次數。面試官很少會主動提供這些資訊，但大多數人都認為這是可以問的問題。

面試

在第四階段「如何獲得工作」中會再次談到面試這個主題，但先快速回顧一下，我在「身分危機」一章中介紹的五個關鍵問題，在本章也需要提出。這些問題的目的，是確保你的期望與實際結果相符。這些問題包含：

- 面試的目標是什麼？
- 這個職位是如何成立的？
- 你與招募經理的接觸有多深？
- 你能告訴我這份工作的日常狀況嗎？
- 我可以在辦公室面試嗎（如果有機會的話）？

第四階段：找到你熱愛的工作

第三階段的重點在於應該提出哪些問題，才能增加期望與實際結果一致的可能性。在第四階段，我的角度從求職者轉變為徵才者。就像你一樣，招募人員也有一份必備條件清單。該如何確保你的能力與徵才需求一致？

盡量以最符合公司需求的方式展現技能

「漸行漸遠」這類人具備豐富工作經驗，而這帶來多樣化的技能組合。他們也知道，若能盡可能發揮這些技能，會帶來什麼好處：既提升表現，又能帶動身邊同事的表現。這都是好事。你知道自己的長處，也知道自己的追求時，就能輕鬆為工作量身打造履歷和求職信。

多數我曾交流過的招募人員都強調，無論是為團隊或直接為公司，展現自己對達成重大目標有何貢獻十分重要。我的建議是，在履歷中可以突顯這些重要成就，但請運用智慧來包裝。許多招募人員告訴我，經驗豐富的求職者所犯下的錯誤之一，就是過度包裝自身貢獻。

什麼是過度包裝呢？以下是招募人員告訴我的一些較常見的例子。

第一，展現的成果是真的，但過度包裝了自身的貢獻。舉例來說，想像你在履歷上寫道：「我的團隊為公司提升了百分之五十六的顧客獲取率。」如果你所在的團隊確實有所貢獻，但你只參與了兩週，這就是過度包裝，可能會導致招募經理高估你在顧客獲取這方面的知識。

第二，展現的經驗是真的，但範圍比履歷描述的要小的多。這個例子常常發生在我們使用「專家」等術語時，這些術語的隱含意思，即我們不具備的專業知識。這種說法並非不誠實，但你可能不具備隱含的專業水準。若想知道自己是否真的可以稱得上「專家」，有個方法是問問題。在第二階段時問問你的人脈：「我有從事X的經驗。如果申請貴公司的工作，在履歷上稱自己為專家是否合理？」對於誰可以自稱專家有一定的規範，而要了解這些規範的唯一方法就是到處詢問。

為了避免過度包裝，伊森・毛奧建議在面試中強調專業知識的邊界。他認為可以使用這樣的陳述：「這是我已經完成的工作。但事實上……」，接著說明你需要改進的地方或希望接受的培訓。提到需改進之處是沒問題的，而且如伊森等的大部分面試官會期待聽到這些內容。許多人認為，避談自己的弱點反而是一個警訊。

如果不確定如何在面試中包裝技能來吸引招募人員的注意，可以查看「身分危機」一章，其中深入探討了如何正確使用行內術語和關鍵字來描述技能。

確保面試過程中能充分評估你的技能

在面試過程中，很難找到能觀察你實際工作技能的面試官。「漸行漸遠」這類人已了解自己想在下份工作中展現哪些技能，因此對他們來說，確定面試中能充分評估這些技能，是找到適合工作的關鍵。

多數面試官會詢問你有何技能，但很少會以實際觀察來確認這些技能是否能運用於工作。如果公司最終錄取你，是因為他們要你在一百秒內調整一百行代碼，並也在面試中要你這麼做，那麼你可以放心，你未來的工作將會符合期望。面試過程中評估你的技能越多，你就越不可能分配到不適合的工作。

某些情況下，你可能會急於離開目前工作，因此在面試過程中，聽到「你很適合我們的企業文化！」這樣的模糊話術時，可能會覺得十分開心。但若你在面試過程中覺得這些說詞很表面，請克制衝動，不要立即接受工作邀約，而是要求對方正式評估你的技能。記住，**你希望獲得的工作不應該讓你很想離開**。

該如何做到？梅根．柯納特提出了兩個步驟。首先提出問題：「你認為公司中的哪個職缺適合我？」面試你的員工應該了解公司結構。若有明確定義的角色，而公司知道該角色所需的技能，你再次迷失的可能性就會降低。若公司無法描述你在公司中的角色，或者無法解釋你如何和其他角色互動，那麼請保持謹慎。

其次，問這個問題：「在面試過程中，你們會如何評估我的技能？」有時你獲得不適合自己的工作，是因為你的面試官喜歡你的個性。如果你是有魅力的人，那麼恭喜你，對你而言，面試可能比其他人更容易。但如果面試中沒有評估你需要的技能，長期來看對你不利。梅根通常會讓求職者進行案例研究：「這是個一點五小時的面試，討論處理問題的方式。他們不會真的解決問題，但我們希望能看到求職者如何處理問題。通常面試官會在某個階段嘗試提供回饋，藉此了解求職者對於回饋的態度。」在梅根工作的地方，良好處理回饋是人們需要具備的技能，因此他們在面試中對此進行評估。

對於某些工作而言，唯一能真正評估求職者能力的方式，就是設計一個完全符合未來工作內容的面試場景。有位我曾採訪過的徵才專家丹．海思曼（Dan Heasman），多年來投身於設計出一場完美的「能力取樣」面試。他喜歡讓求職者和徵才委員會沉浸於能忠實呈現工作場景的體驗中。就如同求職者要求面試地點設在辦公室一樣，這個目標也是讓你了解實際工作的一天會如何度過。你有自己的必要清單，徵才者自然也有；而「體驗式的面試」可以讓這兩份清單內容一致。

學會講述精彩但真實的個人故事

面試前，多數人都會花費許多時間準備，希望留下深刻印象。至少在美國，這些時間通常會花在設計要講述的故事。多數工作不會要求你具備麥爾坎．葛拉威爾

（Malcolm Gladwell）等級的說故事能力，但面試官仍會受到寓意深遠的出色故事吸引。這大多源於十分熱門的 STAR 原則：敘事者描述情境（Situation）、執行的任務（Task）、為解決狀況採取的行動（Action）與結果（Result）。在我對招募人員的某次調查中，有百分之四十二的受訪者表示曾在面試中採用 STAR 原則。

許多招募人員也曾告訴求職者，如果不改善敘事技巧，就無法找到工作（他們大多時候是對的）。這給人相當大的壓力，以至於沒有好的敘事素材時，人們就會開始杜撰。

「很多人會誇大其詞，」梅根告訴我。有時，這些謊言是隨意的。她記得有一位候選人編造了一個關於她在大學畢業時走上舞台的故事，但在追問細節時，發現她從未上台過。另一位候選人則為了她的故事假裝喜歡歌劇，但其實她討厭歌劇。一旦這些謊言被揭穿，這些候選人便不再被考慮。

作為一名「漂流者」職業人員，你有很多經驗可以借鑑。關鍵在於以一種不削弱你過去僱主的方式來框架這些經驗。在第一階段，我們回顧了工作中變化的哪些方面導致了你在工作中的疏離感。我還幫助你反思了你自身的變化。從這些主題中提煉出一個關於你自己所學到的教訓的故事。如果你不確定你的故事是否恰到好處，可以在第二階段請教你的人脈中的招聘者。許多人願意提供反饋——他們希望你成功，就像你希望自己成功一樣。

／每個階段的重點／

第一階段：

◆ 使用「我的工作變化清單」來記錄日常經歷的變化。

◆ 請記住，公司層級的改變會影響這些變化，但大多數人對於影響如何並無共識（這也包括參與策劃這些變化的員工）。

◆ 藉由「我以前喜歡X，現在更喜歡Y」的偏好練習，注意工作中的變化。

第二階段：

◆ 注意三個問題的答案：一、我是否足夠了解行業的變化速度，而不僅只了解我的工作？二、行業變化是否非常劇烈，讓我可能需要考慮轉職？三、若我很想繼續留在這個行業，有多可能找到能滿足所有必備條件的職場？

◆ 和你考慮入職的公司底下的多位員工聯絡，了解公司內部變化是否會影響未來必備條件的存在與否。

第三階段：

- 以徵才廣告為核心來提出問題，包括廣告由誰撰寫，以及公司撤回並重新發佈的次數，這有助找出公司內部的誤解。
- 提問「身分危機」一章中提出的五個關鍵問題。

第四階段：

- 避免過度包裝自己，重點放在如何對團隊或公司的成果付出貢獻。
- 確保面試過程中充分評估技能，並在面試初期詢問面試官評估方式。
- 學會講述精彩但真實的個人故事。

第三章　分身之術

☑ 我身心俱疲，
無法繼續應付這種忙碌狀態。

傑克是一名在銀行工作的數據分析師。在自己的晉升慶祝派對上，他坐在角落裡，緊張地喝著蘇格蘭威士忌。那天稍早，公司總裁寄了封電子郵件恭喜他升官了，但傑克卻絲毫沒有心情慶祝。

「我應該為他們解雇了我的上司，還讓我接手她的工作而感到高興嗎？」他自言自語道，「不了，謝謝。」

在這個裁員和通貨膨脹成為常態的時代，很多人都認為，沒錯，傑克應該抱持感恩。確實，公司賦予他許多新職責，其中還包括管理一個十二人團隊。但他也獲得了「總監」這個高級的頭銜，有加薪機會，還有助理來協助他度過轉換期。對於接下來兩章要討論的「屈居第二」和「被低估的明星」的出色員工來說，傑克的工作聽起來真的是個夢想。

但傑克的狀況比沒有興奮感還要嚴重，他似乎很害怕這次升遷。我花了一些時間試圖理解背後原因。

傑克告訴我：「每天早上八到十點，我都會一個人坐在電腦前，做一些『深度的工作』。」他的自我約束能力極強，在這兩個小時內所完成的工作量比大多數人一整天的工作量還多。過程中不收工作信件、不接電話，也不與同事隨意交談。最重要的是，處理工作時不可切換不同任務。

而剩餘時間，也就是從上午十點到下午四點左右，傑克才會處理其他雜事，也就是我們大多認為是工作的事情：開會、回信，以及處理文書資料。他這時很容易被打斷，但沒關係。因為他早已完成重要工作，也幾乎從不加班。

傑克早在多年前就知道，會帶來過多壓力的，不僅是所做的事情，還有做事情的方法。「如果讓兩個人處理完全相同的五個任務，其中一個成功，另一個失敗。會成功是因為知道自己的不足，也知道如何安排時間。沒有人可以一整天保持『高效率』。」他告訴我，「我會盡力在早上那段短短的時光之中，完成真正需要仔細思考的事情。」

我理解傑克的想法。身為作家，我也會規劃「高效率時間」，失去這兩個小時，對我來說就像一種生存危機。傑克的職業身分與「深度工作」緊密相連，絕對不是那些信件、文書資料或會議。

如果曾歷經一段關係的低谷，就能理解，在為了照顧家人或工作忙到半夜，已經沒有時間和精力去維護關係時，這兩個小時有多麼重要。從「分身乏術」到「漸行漸遠」，最終陷入「身分危機」，這樣的發展過程十分自然。

這個過程正發生在傑克身上。

傑克升官約一個月後，我與他聯絡，關心他適應的狀況如何。他告訴我：「一開始，我在早上試著維持原本的規劃。」其實來自外部的干擾並不多，這讓他有點驚訝。「但後來，我開始打亂自己的規劃。比如有一次，我沒辦法停止思考上午十一點的一場重要會議，所以我會停下手邊工作，再看一次筆記，確認自己做了充分準備。」接下來與外部的聯絡就開始了。「一旦我的團隊發現我在那兩小時內出現在Slack上，就會開始不斷打擾我。」深度工作的時長從兩小時縮短到一小時，兩週後，甚至完全消失。

傑克試著利用夜晚來彌補這段時間，但卻不幸失眠，不久後只得請假。他目前的規劃，是轉為個人貢獻者（Individual Contributor）的角色，這代表收入會減少，也沒有助理輔助，但可以守住寶貴的兩小時早晨時光。「不管是多好的公司福利，都無法彌補這段失去的時光。」他說道，「如果真的有人要你接手需要處理無數任務的工作，請誠實面對自己，思考自己可以妥協多少。如果對方說：『我們會提供更優渥的薪資或更出色的職銜』，但你會失去對時間的掌控，請三思而後行。」

「分身乏術」的上班族是什麼意思？

會離職去找新工作的主因之一，就是因為已經分身乏術了。沒有足夠資源來應對每日工作需求，可能是因為工作內容超出能力範圍，無法在任務中切換自如；也可能是因為太常切換，導致已經開始的工作很少能完成，也有可能兩者同時發生。對於某些工作而言，分身乏術是工作的本質。醫護人員，尤其是在急診部門服務的人員，更是常有這樣的感受。然而，對於其他工作來說，分身乏術的原因並非源於工作內容，而是工作方式。正如傑克的經驗所示，我們安排工作時間的方式，與我們在什麼工作上投注心力同樣重要。舉凡關閉使用中的瀏覽器視窗再開一個新的，或者在編輯文件時停下來與同事聊天等的干擾，對工作效率所造成的負面影響，就如同接續參加會議而沒有休息一樣嚴重。

這些干擾對生產力的影響不僅是效率降低，還會讓你心理上與工作保持距離，甚至讓你感到苦悶和束縛。諷刺的是，感到分身乏術時，通常最先犧牲的，往往是我們最熱愛的任務。這種情況不但發生在傑克身上，也多次發生在我自己的職業生涯中。當文書工作和委員會的會議佔據做研究的時間時，我的心情會變得很糟，而作為教授的身分認同感也開始消退。但我學會了採取措施來保護對工作的職業認同，防止自己陷入身分危機的境地。在關係治療中，這個課題很早就會學到：**維持一段關係中的相處時光，就是保持親密感的關鍵之處。你備感壓力時，通常會最先放棄這個，但這卻是最重要的。**

如果你被工作壓得喘不過氣，不堪重負，也需要關於如何規劃工作量的建議，那麼這章的內容非常適合你。雖然本書各章節並非適合所有人，但無論是否打算離職，本章都會有所幫助。我給出的建議能幫助你找到未來工作，不會讓你陷入分身乏術的境地，還能幫助你在現有工作中提升生產力並減緩壓力。如果選擇繼續留任，你可能會發現，在了解如何有效率工作並學會拒絕新任務後，工作又變得令人愉快了。但關鍵是，學習生產力技能後，會幫助你保護工作內容中為你帶來強烈職業認同感的部分，即便你最終決定換公司，但仍想繼續從事同一行業也是如此。

第一階段：為什麼我在這裡不快樂？

在第一階段，會找出你在工作中不快樂的原因，主要探討兩個大問題：第一，我是否在工作中承擔了過多角色或責任？第二，我是否在工作日時被頻繁打擾，導致很難完成任何事情？這階段主要會討論工作中的實作狀況，但如果你像傑克一樣，覺得自己對職業的認同感正在減退，我強烈建議持續觀察，那些未完成的工作是否與身分認同息息相關。這些工作也許是每日一小時的策略規劃；或者像我一樣，每週至少有幾小時會投入於研究。並非所有工作的狀況都相同，因此了解對你而言有意義的工作是否受影響，是找出你為何不快樂的重要關鍵。對於工作本身就必須處理多項任務的人來說，這個問題尤其沉重。你可能無法完全控制切換任務的頻率，但需要確定有意義的工作是否遭到無視。

回答這些問題時，還需要了解自己對所做工作內容及方式的掌控程度。例如，你承擔的角色或責任是自願接受，還是公司分配？如果工作時遭到打擾，有多少狀況是別人打斷你（例如老闆要你停下手邊工作去協助他），又有多少是你自己打斷自己的（例如選擇在工作中途查看信件）？

讓我們來一一思考這些問題。

我是否在工作中承擔了太多角色或責任？

世界經濟論壇的資料顯示，有八成的員工在工作中承擔多重角色。這就是第一章「身分危機」中所描述的，「沒有人告訴我要做」這些回應的絕大多數，就是得承擔額外責任。

但有些角色會比其他更重要，有時我們會接受沒有能力負荷的額外工作，只因為覺得這會在工作上助我們一臂之力。

為了闡明這一點，我訪問了兩百零一名受訪者，請他們描述工作中所承接的角色，以及是否獲得報酬。結果顯示，平均每人有五個以上的角色，其中三成的受訪者有六個以上的角色，百分之十五有十個角色。接著我問他們，這些職位是「公司指派」還是「自願擔任」，即是否無償做這些工作。最後我訪問他們接受這些角色的原因，並提供一份選項清單。這個練習你也可以自己做，列出所承接的角色，並標註是否為有償的工作，接著在下方清單中勾選承接各角色的原因。

□ 這是我受僱的工作。
□ 幫助進度落後的同事。
□ 因為其他同事沒有盡好本份，所以我來收拾殘局。
□ 這件事沒有其他同事可以做。
□ 有其他同事可以做，但我是最適任的人選。
□ 同事投票選我出來做這個工作。
□ 這有助於提升名聲。
□ 我能有機會和平常無法接觸的同事認識。

☐ 這對職業發展很重要。

☐ 這能帶給我原本無法獲得的機會。

☐ 這能讓要求我做這件事的人印象深刻。

☐ 這能讓上位者對我留下好印象。

☐ 我別無選擇。

☐ 公司告知我必須做。

☐ 我會因為拒絕而內疚。

☐ 我擔心如果拒絕可能會被解雇。

☐ 公司告知這只是暫時責任。

☐ 這間公司的所有同事都承擔多重角色和責任。

☐ 我只在負責這項工作的同事不在時才做這件事（如當日、當週或當月不在）。

☐ 這項任務／責任是前任員工離職後交接給我的。

☐ 我做這件事是因為它為我的工作賦予意義。

根據資料顯示，超過百分之二十五的員工承接多重角色，是因為這是工作常態。甚至有百分之五十九的員工所承接的角色中，至少有一個是無酬工作。很多人承接太多工作的原因，是因為週遭所有人都如此。如果你也面臨這種狀況，請問問自己：「這是工作的本質如此，還是這僅是我所在公司特有的現象？」

我還發現，在所有角色中，有百分之二十四是自願承接的工作，花費其中的時間並不少：平均每週花費在公司指派且有酬角色上的時間為二十一小時，而花在每個自願承接角色上的時間為十一小時。此外，承接有酬角色後，似乎會自願承接更多無酬工作：每多承接一個有酬角色，自願承接額外無酬工作的可能性會提高百分之六十三！

問題在於，為何大家會免費做這麼多工作？

研究中，受訪者表示自己經常自願承接工作，因為覺得這能提高自己在工作中的曝光度；大約有百分之三十二的受訪者認為，自願承接工作能幫助提升工作上的聲譽。我們通常會自願承接對提升地位有益的工作。

如果你屬於這一類型，請仔細思考自己對於該角色會帶來何種好處的想像。並非所有工作都能帶來曝光度。事實上，情況恰恰相反；有些工作會佔據你的心神，讓你無法專注於重要工作。

如果有人要你承接這些據稱能帶來曝光度的角色，請先想想背後的原因是什麼。新進員工或不了解隱藏規則的人，通常會被迫承接這些「高度曝光」但「地位不高」的工作。在人力資源等職業中，這種做法已經是常態。獲得曝光度與影響力，也就是有機會和公司各部門員工認識，就像海妖之音吸引人們前來。但是，承接可以帶來曝光度（大家都知道你在做這個工作），但並未帶來尊重與影響力的工作，是能夠預期員工離職的重大因素之一。一旦員工意識到這些策略對升遷毫無幫助，就會選擇離開。

如果你在清單中勾選的項目與曝光度有關，那麼你可能就是為了曝光度而承接工作的類型。在第二和第三階段，我會告訴你如何確認假設是否屬實，了解某項工作帶來的曝光度是否真能推進職涯發展。可以藉由人脈得知，某角色或責任是否能帶來適合的曝光度（也就是可以向掌權者展現能力），或者卻以不適合的方式曝光

（讓你呈現「好好先生／小姐」的形象，甚至連無意義的工作也願意承接）。

分享一個生活實例。我最近受邀加入大學推行委員會，工作繁多。在詢問這個委員會是否值得加入時，大家都馬上給出肯定的回答。有人提供明確的原因：「加入推行委員會能讓院長看到你具備的推理能力，在考慮是否要提拔你為系主任時，這點非常關鍵。」系主任是掌握權力的職位，為決策者提供重要資訊，藉此保證能委派適合人選給該職位。但如果對方的原因是：「加入委員會感覺很重要，不過工作很多，而且沒有上位者在乎誰負責。」我就會婉拒。

不過，大家接受無酬工作也有其他原因。

我是唯一的適任人選

會認為自己是承接該角色的「適任人選」，有兩個評估方向：「這件事沒有其他同事可以做」（百分之二十一）和「有其他同事可以做，但我是最適任的人選」（百分之十五）。

如果你勾選了其中一個選項，請問自己兩個問題：第一，我真的是這項工作的唯一適任人選嗎？第二，如果是，那麼職場結構有何特徵，讓這種令人分身乏術的狀況發生？這是職業本質使然，還是這份特定工作的問題？

我舉辦過一場領導力培訓工作坊，其中有個練習是「工作中的麻煩狀況」。主管常常抱怨員工自願承擔份外工作，卻認為自己是唯一能勝任的人（通常其他員工也想做這項工作，但過度積極的員工說服他們放棄）。因此主管常常得處理這種自找的過勞。這樣做的員工往往是為了讓上司留下深刻印象，但有些情況下，他們自己就是老闆。

研究中，很多認為自己是唯一能勝任某項工作的受訪者，通常也覺得這工作能帶來曝光度。這兩個導致「分身乏術」的成因往往重疊出現。如果不確定自己是不是此工作的最佳人選，可以和團隊或老闆開會來收集回饋。可以問個簡單的問題：「最近我自願做了＿＿＿＿（某工作）。這項工作應該交辦給其他同事，還是我最適合，為什麼？」

其實，我真的是唯一的適任人選

某些工作有時的確沒人能勝任，這很正常。但這些「別無選擇」的工作取代了其他有意義的工作。在我們察覺之前，這些工作就已佔據了原本用於關心重要事務的時間。我注意到，沒有時間做研究時，幾乎都是因為在主持徵才會議，或帶領其他上級指派我接下的決策委員會。我一直在承接這些任務，因為別人說我是唯一的適任人選。

雖然這是我的研究內容，但我和你一樣，也容易犯錯。

不論所處何種產業，在某些職務階層扁平、追求「全體總動員」心態的公司，都很可能遇到這類問題。無論職位多高，公司人手不足時，都會希望你承接其他同事的工作。請小心採用這種業務模式的公司。階層制度扮演舉足輕重的角色，明確定義角色與任務分工。

我是在幫搭便車的同事收拾殘局

會認為自己在「幫助搭便車的同事」，有兩個原因：「幫助進度落後的同事」（百分之十六）以及「因為其他同事沒有盡好本份，所以我來收拾殘局。」（百分之九）。這類人可能自願承接了原本屬於他人的有酬工作。

令我驚訝的是，勾選這些選項的受訪者，所屬的團隊大多具有一套機制，能夠管理每位團隊成員的工作進度。一般而言，搭便車的行為在不具備這種機制的團隊中更為常見。但奇怪的是，我的研究對象之所以願意幫忙收拾殘局，是因為他們覺得就算沒有報酬，至少也可以獲得同事認可。想像一下這個情況：馬克答應在週二前完成報告，但卻沒做完，你幫他完成了（縱使領薪水的人是他）。你可能會在下次會議向大家炫耀：「猜猜看，是誰幫馬克把報告做完？是我。」

我不建議採取這個策略。實際上很少有人能因為幫別人收拾殘局而獲得正式認可，至少無法獲得上司認可。

我一直被打斷，什麼事情都做不完

現在來談談另一個讓你感到分身乏術的原因：一直被打斷，導致工作無法完成。以下提供幾個令人失落的數據。

每位員工在工作時每天平均被打斷八十六次。其實我們每天工作大概有兩小時是處於被打斷的狀態，這每年為美國經濟造成至少五千八百八十億美元的損失。我們正處於人類史上最容易分心的時代。

但也有好消息，對於被打斷的時間與方式，我們比想像中更有能力控制。有些干擾來自外部；健談的同事過來閒聊，或上司臨時請你協助會議籌備。而有些干擾來自內部；我們把某個工作程式最小化，然後開啟另一個程式，或者在撰寫文章的中途停筆，轉而回覆一則訊息。

這些不同類型的干擾有多常見呢？我訪問了研究中的兩百零一名受訪者：「請回想你的一天，有沒有未完成的待辦事項？」約百分之三十八的人都回答有。接著，我請他們列出三項在工作日結束時沒有完成的待辦事項，並給他們一份為何遭到打斷的選項清單。以下是這份清單：

來自內部的干擾

☐ 我將正在使用的程式或標籤頁最小化，並開啟了另一個程式或口標籤頁來做其他工作。

☐ 我查看了工作電子郵件或工作的 Slack（或其他形式的工作交流也算）。

☐ 我查看了社交媒體，包括臉書、推特、LinkedIn、Instagram 等等。

☐ 我決定搬到一個新的空間。

☐ 我暫停手邊工作去拿食物或飲料。

☐ 我起身去做其他與工作無關的事（例如，散步）。

來自外部的干擾

☐ 同事過來打斷我，問了我與工作有關的問題。

□有人問我要不要休息一下（例如：去喝咖啡）。
□同事打電話或傳簡訊給我。
□有人請我中途停下手上的工作，去做更緊急的事情。
□我被迫離開了我所在的空間（例如，有其他人進來佔用了房間，導致噪音過大）。
□我沒時間了，不得不去做其他事情（例如，開會、回家）。
□家人或個人生活中的人打斷了我。
□我在通勤時工作，必須因旅途原因停下（例如，飛機起飛時得收起筆電，或需要下火車）。

下次在工作時，請記錄未完成的三項任務以及原因。這些干擾中，有多少來自內部（即你自己造成的），而又有多少來自外部（即其他人打擾你）？

根據資料顯示，在最常見的六個干擾中，四個來自內部，兩個來自外部。最常見的干擾是查看工作信Slack（每項任務查看三次），其次是縮小某個程式來處理其他工作（每項任務縮小二點五次）。

一般而言，打斷我們工作的往往是自己。如果你也有同樣經驗，可能會感受到就是壓力讓你打斷自己在做的事：你知道老闆會寄來一封重要信件，你別無選擇，只能回信。評估自己承受了多少壓力，導致想打斷自己手邊的事，這是相當重要的步驟。如果沒有外部壓力，那就想想你打斷自己時，有多少次是由於工作中的壓力源所觸發。舉例來說，傑克對於即將到來的演講十分焦慮，導致他違背了自己的工作規則。我的弱點則是拖拖拉拉。一個小小的壓力因子，比如看一眼日曆，發現某項任務已經過期兩週了，就足以讓我立刻切換，選擇先把這件事完成。這策略在當下雖然能幫我調節壓力，但很諷刺的是，長遠來看可能會造成更多壓力。

請記住我們都有軟弱的時刻，如果把優先順序讓給不應優先注意的事情，我們就會變成工作狂，在約會共進晚餐時偷偷回覆老闆電話；雖然這在當下能緩解擔心老闆對自己失望的焦慮感，但對一段關係造成的傷害，可能不值得我們這麼做。

工作時遭到打斷，是否會影響我跟上進度的能力？

了解工作的干擾源後，下一步就是了解這會如何影響工作。遭到打擾不僅會影響當下完成某件事的能力，也會影響跟上進度的能力。

為了了解背後原因，我和神經科學家莉拉．達瓦奇（Lila Davachi）博士討論，想知道遭到打斷如何影響新記憶形成的能力。

我們在工作時，會形成針對微小事物的片段記憶，比如作家會記得撰寫的文章段落，或治療師會記得與個案有關的記錄，但形成這些記憶的能力常常遭到打斷。實際上，大約有百分之四十一的任務遭到打斷後，之後無法立刻跟上進度。在這種情況下，大腦很難為已完成的工作建立「情境」。

對於常遭到打斷的員工而言，這會帶來什麼影響？達瓦奇博士告訴我：「從查看信件到同事來問你問題，任何形式的干擾都會破壞內在的穩定，讓形成豐富且即時整合的記憶更加困難。」

想像一下，你正在寫一份重要報告，但在過去的三小時內，你卻在不同資料之間不斷來回切換，查看信件，或者在電腦的其他視窗編輯其他文件。這些來自內部的打斷不僅會影響你完成任務的能力，也會影響你能否記得自己寫了什麼（以及這麼寫的原因）。下次開啟文件時，你可能會發現自己非常迷惑：「我為什麼要寫這個？」

達瓦奇博士的研究顯示，不論是受到任何形式的打斷，在深層神經層面上都可能會破壞記憶的形成能力。雖然我們不會把「分身乏術」的困擾歸咎於記憶問題本身，但這的確是事實。

傑克了解這一點。因此早上兩小時的時光深深影響他的工作效率，不僅是因為這讓傑克能專注於當下工作，更因為在這段時間中，他能形成豐富又整合的工作記憶。第二天再次開始工作時，就能輕鬆回憶起這些記憶，快速進入狀態。

想了解煩人的干擾如何影響進度，請記錄重新跟上進度的難度

我向達瓦奇博士學到，除了務必要記錄當下的干擾來源，記錄重新跟上進度的

困難程度也很重要。首先記錄三件事：何時開始任務，過程中遭受的干擾，以及重新跟上進度的困難程度。我在寫這本書時，也記錄了自己遭到打斷的經驗。那段時間我獨自待在飯店的房間。連續記錄幾天後，我觀察到在以下兩種狀況下，要重拾寫作進度的難度最大：第一，我被打斷好幾次（其中大部分是來自內部的干擾）；第二，我一天只寫作一次。連續遭到打斷，加上工作時間的間隔太長，就會讓工作進展困難重重。

了解這樣的模式後，就能安排更合理的工作時間。如果我在早上工作時遭到打斷好幾次，就會在過完這一天之前，至少再花三十分鐘寫作，藉此喚起記憶。

已開始的任務	干擾事件	跟上進度
時間：上午八到十點 情境：獨自待在飯店房間	內部（三次）：八點四十五撥了一通電話；九點十五查看電子郵件；九點四十五泡咖啡 外部（零次）：無	時間：下午三點（同一天） 困難程度：低（從停下來的地方繼續跟上進度）
時間：上午八到十點（隔天） 情境：獨自待在飯店房間	內部（兩次）：八點三十、十點查看電子郵件 外部（一次）：打掃人員來了，九點四十五去健身房	時間：上午八點（隔天） 困難程度：高（需要重讀一次莉拉・達瓦奇博士的研究，我前一天才剛花一小時閱讀）

第二階段：我理想中的未來職業是什麼樣子？

讀完第一階段後，對於我在本章開頭提出的兩個主要問題，你心中會浮現一些答案：你會承接這些角色的原因（其中有多少是為了提升曝光度），以及日常中的干擾源為何。除此之外，我也想請你注意那些無暇顧及到的任務，是否具有意義且能帶來身分認同。你可能會發現，第一階段的練習完成後，藉由重新安排工作方式，可以控制源於內部的干擾（以及沒有必要承接的角色）來解決分身乏術所帶來的問題。然而，如果你發現自己無法控制公司分配的角色或工作中的干擾，甚至兩者超出控制範圍，那麼你就該進入第二階段。

第二階段的第一步，就是為不同角色排列優先順序，才能在第三階段尋找適合工作。如同「身分危機」這類人一樣，「分身乏術」這類型需要回顧自身，找出哪些角色是身分核心，並在未來求職過程中從這些角色出發。

依照職業相關程度的高低來排序角色

在「身分危機」一章中，我介紹了身分核心和身分滿足的概念：核心代表某身分對你而言的重要程度，而滿足則是該身分帶來的快樂程度。本章中，你可以運用類似方式來思考工作角色：你對哪些角色的認同感最強，哪些角色帶來最多的滿足感？這個問題的答案攸關你的未來職業發展方向，卻和「身分危機」在一個關鍵點上有所差異：**這些問題預設你有想要維持的核心職業身分，而這個身分之下的角色需要微調**。

在同一份研究中，我請受訪者做這個練習，其中有百分之八十九的受訪者能將最重要和最不重要的角色進行排序（另一部分受訪者認為這些角色同樣重要）。儘管身負多重角色，他們仍可以選出最關心的角色。

在觀察受訪者的角色時，我發現可以分為以下三類：日常角色、向外發展角色和熱忱角色。舉例來說，你非常認同自己的教師身分，但卻因為得在教室教課、編纂課程，又得擔任教師工會地方代表，同時身兼三個角色而感到不堪重負。

日常角色是日常工作的核心。這些角色占據最多時間，對日常壓力影響最大。將在教室教課作為優先考量的教師屬於此類型。這類人關心的，是會對投注最多時間的事情造成影響的因素：學生與教師的比例、教室資源（如教室設備），以及是否有教學助理等。這些通常都是職責範圍，也是我們認為是工作核心的角色。

向外發展角色能助你超越目前工作。在上方介紹的曝光度次層級量表中，身負此角色的受訪者得分較高。關心課程編纂的老師可能希望某天在教育領域擔任領導職位，比如成為校長或學區督學。與不同學校的教職員和管理人員合作能為帶來機會，讓他們接觸到能幫助實現此目標的助力。

熱忱角色通常與主要工作角色相輔相成，更重視工會代表相關工作的教師就可能屬於這一類型。這些角色為工作賦予了意義。有人認為這對職業發展十分重要，但需要透過人脈往來應證是否屬實。如果單單只是因為你覺得這可能有助於職業進步，並不代表事實的確如此。如果在你列為優先的角色中，大部分都是熱忱角色，那麼你應該思考自己是否屬於「身分危機」這類型。如果你把時間花在無法提高收入或帶來升遷機會的工作上，可能會需要考慮變換跑道。

你能否以工作領域來安排工作？

所有工作都包含多重角色與責任，這種現代職場狀況幾乎難以避免。不過，就履行角色職責所需的背景知識而言，某些角色比其他角色的重疊度更高。科學家所謂的「工作領域」，是涵蓋多重角色且以高層次工作單元來安排的廣泛工作類別，若能保持在範圍內，就能輕鬆管理多個角色。像是為客戶提案，或像我這樣設計研究或撰寫書籍提案等的任務，都可以視為工作領域。高層次工作單元就好比為本章節「分身乏術」這類型做研究。

葛羅麗亞．馬克（Gloria Mark）和同事研究了外包公司員工在應付多重角色時的行為。觀察了超過七百小時的日常活動後，他們發現，最有效率的員工並不是完全不切換任務，而是在切換時幾乎保持在同個工作領域內。換句話說，他們不會切換屬於不同領域的工作。舉個例子，假設我今天想寫書，在需要切換任務時，應該從分析書籍資料切換到撰寫章節內容，而不是在不同領域間切換，即使從寫書轉換到寫學術論文聽起來很相近，卻也是這個道理。這聽起來有點反直覺。

作者還發現，能夠同時應付多項任務的人，身負的角色通常都跨越不同工作領域。對我而言，作家這角色屬於寫書和做研究這兩個領域。如果每次進入新領域都需要從零開始，重新學習新技能或知識，那麼就麻煩大了。因此我所選的職業中有很多角色互相重疊。

若想以工作領域來安排工作，可以嘗試以下方法。一天開始時，寫下你準備要處理的工作領域。例如今天我準備寫書（領域一）、教大學部的學生（領域二），並處理徵才委員會的工作（領域三）。然後列出各領域中的待辦任務。野心不要太大，目標是在當日完成該領域中的任務，而不是發現時間快來不及了，但需要處理其他領域的工作，只好不得不打斷手邊任務。我這三個領域的任務分別是編輯一個章節、讀三篇學生寫的論文、以及為十名求職者評分。那些不屬於某個領域的其他任務，如開會和回信，應在領域內的工作完成後再處理。請把這些任務當作不同工作領域間的休息時光。

按照角色優先順序來進行人脈交流

我已經教了你許多技巧，讓你在處理多重角色時仍能保持生產力。但如果你最後還是對目前工作不滿意，希望開始找新工作，這就是人脈交流的重點所在，保證新工作不會出現和目前工作相同的問題。

第二階段中，你需要的人脈能讓你了解，從事你夢想職業的員工如何度過一天，也提出關於角色重疊的其他問題。但第一步，你該與誰聯絡呢？

正如「身分危機」一章所討論的，大多數人都會和同行的人脈聯絡。這是個好消息；你也應該與這些同行人脈聯絡，先確定感興趣的公司，然後確認有誰在從事你的理想工作，可以參考「漸行漸遠」中第二階段所提供的建議。（一二五頁）

你也可以和身處不同公司但角色相同的員工聯絡，藉此減少獲得重複資訊的機會。行業規範通常屬於公司和團隊層面，尤其角色重疊方面更是如此，因此建立不同公司的人脈，可以幫助你了解哪些規範普遍存在與整個行業中，而哪些規範是公司特有。

你的主要目標，應該是找出在所處行業中誰從事你的理想工作，也就是在你的角色排名中名列前茅的那個。在過程中，你會不斷微調對角色的思考，但在此階段，你應該清楚自己最在乎的角色是什麼。

為什麼？我所見過「分身乏術」這類型所犯的最大錯誤，就是沒有從開始就以某個角色為核心來求職。這有點像「身分危機」這類型，他們對自己的職業身分缺乏清晰認知：大概知道自己想做什麼，但未來的方向不具體。如果沒有明確先後順序並設立界線，則很可能在下一份工作中再次陷入分身乏術的危機。

在對話中應提出的問題

在這些不同的角色中，你的工作有多少互相重疊？

如上所述，在承接多重角色的情況下，各角色所需的技能應該有一定的重疊程度。請問問對方是否能察覺多重角色所需工作之間的連結。舉例來說：「我發現你有兩個主要角色，包含負責實習專案和監督團隊，而你也提到其中的工作內容之一是每週提供意見回饋。兩份工作的回饋機制是否可以一致？還是必須針對實習生和團隊成員採用截然不同的做法？」如果我自己是面試官，就會問：「我看到你列舉了很多點，但撰寫貿易相關書籍和撰寫學術論文所需的技能是否不一樣？」

過程中，你可能會發現先前不曾聽過的隱藏角色，實際上也是工作的一部分。請務必辨認出這些角色，如此就能在第三階段提出具體問題。

你對自己的工作領域有多少掌握度？

雖然我建議運用工作領域來安排一天工作，但不是所有工作都這麼有彈性。請藉由提供實例，向他人解釋有哪些不同的工作領域（請記住，「工作領域」是行話，因此請用更具體的方式說明），然後詢問對方：「用這樣的方式規劃我一天的工作是否實際？」

在快節奏的工作環境之下，如果無法自主掌握時間，對方可能會回答否定的答案。而即便答案是肯定的，有時還是得優先處理某個工作領域。舉例來說，在書籍截稿日期快來臨時，我通常只能專心在書籍領域上，這個狀態有時會持續好幾週。

像不斷出現的外部打擾這種無法控制的事情，會讓你難以專心在同個領域內。在交流過程中，請仔細注意你最關心的工作領域，這與你的身分和使命感息息相關。

我是否將角色以適合的方式分為這三種類型？

最後，請測試一下你對角色意義的理解程度，是屬於日常角色、向外發展角色，或是熱忱角色，並反映到從事這些角色的員工所擁有的經歷上。許多我曾共事過的同事認為，相較於他們目前的角色，熱忱角色會受到業界同行更多尊重。

有位求職者的履歷上，填滿了關於幫助弱勢兒童學習 STEM 領域的經歷。但問題在於她想在文理學院擔任教職。儘管有一些教學經驗，但不足以讓她在求職市場上具備競爭力，所以沒有收到任何面試邀請。我向她解釋，她的熱忱角色不會讓她在求職市場上脫穎而出；與此相反，看起來這讓她面臨「身分危機」。最後她在非營利組織任職，那個選擇更適合她。

大量收集資料、多方詢問，請對方將身負的角色分為三類。目標是在不同公司之間看到一致的狀態，其他事情也是如此，對於某些角色在職業發展中的重要性，會因公司不同而適用不同規範。

第三階段：開始查證事實，確認這個職業是否適合你

當你完成前面兩個階段後，就會了解理想職位的實際狀況，其中也包括有哪些相關職位，以及從事該職位所需的角色有多少互相重疊。第三階段的目標，是更深入探討職場環境中有哪些特徵，以及這些特徵如何決定你能否成功處理多項職責。舉例來說，比如是否為開放式辦公空間、員工是否在同層樓工作等環境特徵，都會對你是否能夠維持在同一工作領域內造成影響。而文化規範，如是否允許在工作中擁有「放空時間」，也會影響你能否進行深度工作的能力。

對於「分身乏術」這類型而言，經歷第三階段的過程就像成為人類學家，會學習如何捕捉職場中的微小線索，了解同事平衡角色與處理干擾的方式，最佳的起點正是實體辦公室。

你遭打擾時，辦公室格局有何影響，而你又如何跟上進度？

藉由觀察同事在自然狀態下的行為，即使只有片刻，也能學到很多職場文化相關的知識。例如員工是否習慣在自己的辦公桌前用午餐或稍作休息？經理與員工之間的距離有多遠？藉由這些線索，就能更了解工作規範和日常生活狀況。

然而，對於「分身乏術」這類型而言，觀察辦公室環境可謂好處多多。現場的環境能提供「工作時遭打斷的可能性有多高？」以及「該如何保持在相同工作領域內？」這類問題的線索。面試時應該直接詢問這些問題，但僅憑答案，你無法獲得所需的完整資料，仍然需要親自觀察。

舉例來說，讓我們回顧先前討論的葛羅麗亞．馬克關於多重角色的研究。我曾提到過，最有效率的員工運用控制工作領域來安排工作，盡可能在切換角色執行任務時，仍維持在同一個工作領域。

事實證明，多數人難以維持在自己的工作領域內。有百分之五十七員工的工作領域遭打斷至少一次；如果他們被拉去處理不相關的任務時，更容易遭到干擾。與負責的工作密切相關的領域，遭到干擾的機率有百分之八十三！同領域內的平均工作時間為十一分四秒，之後就會遭到打斷。

員工與其他團隊成員之間的物理距離是一個線索。研究人員將辦公座位相近的員工（即員工的辦公室位置在小隔間內，相鄰隔間至少有一位團隊成員）與座位相隔較遠的員工（即員工與同事的實際位置分開，可能座位在辦公室另一端、擁有自己的獨立辦公室，或座位在其他建築物內）互相比較。結果顯示，與團隊成員實際位置距離較近的人，往往會花更多時間在工作領域中，但也更容易遭到打斷。那麼，該如何解釋這看似矛盾的研究結果？

不是所有的干擾都一樣，即便實體距離較近的同事間更容易干擾彼此（很容易打擾到隔壁座位的同事），但在選擇打擾時機時會更有策略。座位在小隔間的員工可以聽見隔壁同事的對話，只挑選適當時間，比如任務之間的短暫休息空檔，才來打擾對方。而那些位置較遠的員工通常會在自己時間方便的時候打斷同事。

面試時請要求參觀辦公室格局。更重要的是，請確認你的座位會和團隊其他成員相隔多遠。如果是混合型的工作，請詢問其他同事會來上班的工作與地點。

如果你的工作地點位於「共享辦公室」，即辦公空間每天都會變動，請先了解對於鄰近座位的同事是誰，以及每次的工作空間是否相同，你可以掌握的程度有多少。如果能預先了解工作環境狀況，才能與同事規劃出工作時可接受打斷的時間表。工作時一定會遭到打斷，這無法避免。但能夠掌握受干擾的情況，對於工作中斷後再次跟上進度而言十分重要。

你能否在辦公空間擺放裝飾品？

在混合型工作的世界中，「辦公桌輪用制」已成為新興趨勢，員工每次到公司都需事先預訂工作空間或團隊辦公室。「飯店式辦公」的概念也大同小異。能使用固定工作空間的機會不斷減少。

但能擁有固定工作空間仍然很重要。你能在空間中增添個人色彩，比如一些小提示，你能用來安排工作先後順序，並能提醒自己上次的工作進度。維克多．M．岡薩雷斯（Victor M. Gonzalez）和葛羅麗亞．馬克發現，資訊工作者（如管理人員、經理、財務分析師、顧問和會計師）平均每天會處理十個工作領域，因此需要靠著這些小提示，才能在工作中斷後重回該領域的進度。有人在桌上放資料夾，按照工作領域分類；也有人把屬於同個工作領域的信件都印出來，並堆在同一疊。便利貼的運用也很常見，寫滿待辦清單，並按照領域用顏色分類。有位員工腦筋靈活，建立了一個叫做「Z立即注意事項」的信箱子分類。如此一來，由於信箱是以字母順序排列，則這個子分類就會永遠出現在收件匣末端。

如果你的干擾是跟設備有關，這些提示可以幫忙重新跟上進度，好比從撰寫電子郵件轉為當面交談，或在手寫記錄後轉為在筆記型電腦上輸入文字。從使用設備切換為其他狀態時，所依賴的提示（如閃爍的游標）就消失了。因此藉由額外提示，如在白板上手寫並用顏色分類的先後順序列表，就能讓你更容易跟上進度。

這些提示就像指示牌，能幫助我們在工作中斷後找到方向。這些提示不僅能讓你在遭到打斷後能立即跟上進度，對於「元工作」（metawork，即安排工作領域所花費的時間）的進行也同樣重要。多數人會在一天結束時花時間整理辦公桌，管理信件的子分類，並與團隊成員核對未完成的工作。藉由信件堆或白板圖表，可以幫助你規劃這些「元工作」。

遠端工作者可能會想：「這和我有什麼關係？我每天工作的環境既沒有辦公桌輪用的機制，也沒有飯店式辦公的機會。」

這確實與你息息相關。許多遠端工作者沒有固定的家庭辦公空間，可能會在廚房、臥室，或任何安靜的地方工作。現今家庭環境的形象十分靈活，餐桌可以用來切菜、與孩子玩遊戲，也可以用來寫報告。

如果你在多個地方工作（或你的工作空間到了晚上六點鐘會變成晚餐桌），就得確保自己能有條理且持續建立工作提示。這可能代表你的便利貼會放在那裡好幾天。只有在你有條理且持續使用這些工作提示，而不是隨意亂用的情況下，提示才會有效果。

辦公室格局是否能讓你靈活切換角色？

如果你的工作需要同時處理多重角色，就應該注意環境，看看是否能讓你在角色間靈活切換。有些角色的性質十分不同，甚至需要在特定日子或時刻前往不同的建築物工作。在學術圈裡，雖然系主任更愛自己實驗室的辦公室，但在履行系主任的職責時，仍須坐在主任辦公室。院長和教務長則在不同大樓工作，常常和相同學術部門的同事隔絕，這不僅造成心理距離，也帶來了實務上的困難。需要在多個地點工作的人，無論是到不同城市還是國家出差，對這種經驗都非常熟悉。

為了了解工作空間如何影響不同角色間的靈活切換能力，我與某大學圖書館的特殊館藏部主任夏洛特・普里朵（Charlotte Priddle）進行了交談。我在一次特殊館藏的展覽中與她相識，當時她展覽了一本由包裝好的美國起司片製成的書：本・丹澤（Ben Denzer）的《二十片美國起司片》（*20 Slices of American Cheese*）。我後來才知道，在她的眾多職責中，最奇怪一項的是核准起司片的訂單，保證該書可以「維持新鮮」。

夏洛特身兼圖書管理員、團隊經理、招募人員、策展人和籌款人等多重角色。其中某些角色需要大量深度工作（如策略規劃），而其他角色則需處理日常任務，像是建立採買起司片的訂單，或是為印刷收藏品策劃展覽。

我問她該如何管理這些角色，尤其有許多角色需要每小時切換，她馬上回答，關鍵在於實體的辦公空間。她的職位創立之前，辦公的地方四處分散，因為圖書館的各類檔案室分散在不同位置。就像儲存市區藝術場景的檔案室、專屬女權主義龐克搖滾的檔案室、存放楔形文字碑文的檔案室，以及保管現代手稿的檔案室。她告訴我：「檔案室位於不同樓層，有不同的工作人員，也須遵守不同規則和規範，且有各自的社群。」

但她身為這些不同檔案的管理員，有必要將所有展品集中一處。因此，圖書館大規模翻修，把所有特藏集中在同一個位置。對於夏洛特而言，所謂的功能距離，即在同一樓層輕鬆切換不同角色，不僅能消除切換角色時的移動時間（如等電梯也是一種隱性的時間浪費），也幫助她讓團隊身分更具體。所有人都為同個目標努力，員工之間可以看到彼此一起朝著共同目標前進，「看到」是字面意思，因為圖書館大多採用玻璃牆。

新的共享空間還有一個夏洛特沒有料到的額外好處：大家接受了工作層級的調整。夏洛特升遷後，不單成為某些同事的上司，甚至也成為了原本上司的上司。她告訴我：「所有事情都有所改變，這讓一切變得更加容易。」她不必接手前上司的舊辦公室，而常常在走廊不期而遇的交談，也讓大家接受了這個變化。

我在這裡需要像天鵝一樣嗎？

夏洛特還教會我，務必學習如何在處理多重角色的過程中與他人溝通。她建議在承接工作前，可以向現任員工或招募人員詢問的一個關鍵問題是：「我在這裡需要像天鵝一樣嗎？」

讓我解釋一下這是什麼意思。

在某些工作場合中，是可以接受員工看起來狼狽又混亂的。如果參觀某些辦公室，看到員工忙得轉來轉去，頭髮凌亂，衣服上有咖啡漬，這很正常，大家也不會在意表現出忙於多重任務時的真實狀態。例如大報社的主樓層就是如此，急診室也是一樣。

但也有些工作場所的狀況是，員工表面上看起來雖然冷靜且有條有理，但內心卻焦慮得像天鵝一樣，雙腳必須在水下拚命划動才能浮起。這些員工可能已經非常緊繃，但從乾淨整潔的辦公室和筆挺西裝，你卻完全看不出端倪。

保持外在整齊可能是有理由的。如果工作內容和與客戶打交道有關，人們就不會想讓自己看起來亂糟糟。這就和售屋之前先佈置一番是同個道理。潛在買家登門參觀時，一切看上去都井井有條；但其實一個小時前，廚房裡可能還積滿了髒盤子，地上堆著還沒洗的衣服。

並不是所有的「天鵝文化」都需要避免。但有些天鵝文化需要隱藏光鮮亮麗背後所付出的諸多心力，對此要保持警惕。這些文化中的員工都在假裝追求健康和平衡，儘管事實是需要工作到午夜，才能完成那些面試時沒有談到的隱藏工作。上司和員工之間無法坦誠交流，因此不知道誰沒有完成任務，而誰又有時間補上進度。如果你希望在工作時成功處理角色轉換，那麼你需要一位能這麼做的上司：「這份工作我有時會有沒注意到的地方。如果真的發生，請務必提醒我。」而這真的會有幫助。

這裡的文化是否「允許你說不」？

夏洛特得知自己將承接多重角色後所做的第一件事，就是與團隊開誠布公，討論在無法避免而拒絕工作的情況下，她會用什麼方式說不。

夏洛特的拒絕方式分為三類：「不，我現在沒辦法做到，因為需要處理X、Y、Z等任務。」「不，雖然這是個好主意，但我們目前沒有預算。」「不，但是我無法告訴你原因，因為有些資訊沒辦法讓你知道。」她拒絕時，都會提供其中一項解釋，確保大家都清楚事情的狀況。而我會在拒絕清單中再加一項：「不，因為我目前沒有足夠的心力。」

她能這樣做，是因為她的職場文化「允許你說不」。如果有同事不斷嘗試，想跳過她去找上位者，或不斷打擾她，最終也不會獲得想要的結果。她的拒絕是受到大家尊重的。

面試時詢問「如果我拒絕某件事，這裡的同事會接受嗎？」這個問題可能有點奇怪。所以你可以換句話說，詢問這裡的文化是否尊重個人界線和決定。如果上司或主管拒絕某件事，同事是否會透過其他方式來達成目的。

某些職場中，依角色劃分的層級並未受到應有尊重；重要的是你的人脈，以及你在這裡工作了多久。在這些文化中，擅長交際或總是抱怨的同事不接受拒絕。如果他們透過其他方法也能達成目的，你在處理多項日常工作時中保持掌握度會相當困難。正如先前提到的，許多工作附帶了在入職前無法預先知道的隱藏角色。可能會比預期處理更多的任務。如果你想成功將這些角色融入工作生活中，就需要一個他人可以接受的「拒絕方式」。

第四階段：找到你熱愛的工作

對於「分身乏術」這類型而言，尋找理想工作的過程，與「身分危機」這一類有許多相似之處。需要清晰傳達工作身分，並在求職過程中強調優先考慮的角色。如果還沒讀過「身分危機」一章中第四階段的「傳達你擁有明確職業身分」，我建議先去讀一讀。

除此之外，也需要清晰表達你如何計劃管理多重角色，以及過去的實際經驗。首先要從求職信和履歷表的撰寫開始談起。

解釋履歷表和求職信中重疊的工作日期

首先要仔細檢查的是履歷表中的工作經歷。我曾訪問許多招募人員和雇主，想了解「同時承接太多任務」或「分身乏術」的指標為何，而他們的回答幾乎一致：在同一段時間內承接太多的工作或角色。如果履歷顯示，你在二〇二二年六月至九月這段期間，承接了三份重疊的工作，這其實是警訊。如果目前有好幾份工作的日期都標註為「至今」，這同樣也會引發疑慮。很多人覺得，同時承接三份工作會令人印象深刻，但事實上，這帶給別人的印象可能是你一邊工作一邊兼職，或者還不確定自己想做什麼，也有可能兩個狀況都有。

解決問題的最佳方法，不是從履歷表中刪除重疊角色，而是清楚描述重疊的性質。多數來找我幫忙的人，履歷表看起來就像擁有「多重分身」，但其實都能合理解釋。舉例來說，某個角色較為次要，每月只需參與一次會議（但看起來是重要工作）；而另一個則是熱忱角色，可以重新定義為技能或興趣。通常這些角色間都高度重疊或互補，但我們在撰寫履歷時常常各自描述，藉此讓技能和成就的清單看起來更豐富。

你可以運用履歷上的多重角色優勢，讓角色間互相呼應。如果第一個角色的職責為「與十二人團隊合作，將利潤提高百分之四十」，而第二個角色則是與同個團隊合作來建立領導力方案，那就可以直接說明：「我與十二人團隊合作，建立了領導力方案。」能夠整合所擁有的角色是一種技能，知道如何在多重工作中找到重疊之處，這正是雇主想要的人才。

如果你在有正職時也承接兼職工作，請清楚說明這些工作的性質。許多資料顯示，全職員工也會在工作時間外兼職（有些甚至在正職工作時，但這違反合約）。若招募曾有這種經歷的員工，雇主會感到緊張。如果你曾同時為兩家公司工作，請說明這種狀況的性質為何，不要讓瀏覽履歷的招募人員反覆推敲。

另外，請保證你的 LinkedIn 頁面和履歷的內容一致。職位名稱、日期和職位基本描述都應該一致。有許多求職者無法通過第一輪篩選，是因為履歷和 LinkedIn 的內容不相符。為了配合某項職位描述，他們修改了履歷的工作經歷架構（像是將兩個角色合而為一），但卻沒有在 LinkedIn 上同步。徵才初期，招募人員通常不會向你的前雇主核對工作經歷，但他們會查看你如何呈現過往工作經驗，藉此保證內容一致。履歷上的經驗和學歷很常造假，這麼做可以輕鬆減少招募人員的懷疑。

說明如何管理多重角色的計劃

我已經教你如何處理多重角色，從如何運用策略應對工作中斷，到優先考慮能主導你求職的角色。面試過程中，也需要說明你的先後順序。「請說明你準備如何平衡多重角色」是常見的問題，但很多求職者沒有仔細思考過此問題的應對策略。

有幾項技能可以用來回答此問題。

首先，可以討論你準備如何與同事溝通界線和先後順序。我曾提到夏洛特和團隊曾開誠布公的討論，談及她有三種拒絕方式。如果你身為領導者，與下屬開誠布公的談話，能讓你避免成為忽視下屬心聲的上司。一味接受所有要求是不可能長久的，因此雇主會想知道你如何避免這類陷阱，可以從你準備如何溝通看出端倪。此外，請談到你準備如何培養經常提供意見回饋的文化。如此一來，你不小心犯錯時，其他同事也能自在地提醒你。

第二，說明你準備如何減少工作遭打擾時的影響。前面提及的所有技能，從記錄每日干擾源，到訂定計劃來減少外部的干擾，都可以與他人分享。如果你有意願建立不讓人感到分身乏術的職場文化，那就更好了。雇主喜歡看到員工不只顧慮自身發展，也關心團隊夥伴與其成就。

第三，說明你會如何排列新工作任務的處理順序。夏洛特每天工作時，都會使用一個二乘二的表格：橫軸是緊急程度，縱軸是重要程度。接著會根據緊急和重要程度，將任務劃分為四個象限。緊急但不重要的工作可以在切換工作領域時的空檔處理，例如為那本起司書訂購起司片。重要但不緊急的工作通常都需要深思熟慮（如針對募款的策略規劃），會在她不受打擾的完整時段處理。這些工作領域對於保持身分認同十分重要，因此夏洛特會特別保留這些時間。重要的是，夏洛特不會在同一天試著一次處理這些任務。你應該說明自己知道如何在工作日中運用這些時間分配的架構，並提供過去的成功實例。

準備好回答「如果承接這份工作，你準備放棄什麼？」

面試中，多數求職者會準備答應所有條件。但若你能展現自制力，並已仔細考慮過承接新工作後不得不放棄的事情，雇主對你的評價會更高。

如果你已準備好承接新角色，應該已經問過自己這個問題。很重要的第一步是以較高層次來考慮要放棄什麼。通常，第一個會放棄的就是熱忱角色。同樣重要的是，你可以說明已仔細思考角色的轉換過程，如切換工作領域的成本等因素。舉例來說，如果承接某個角色，需要你前往另一間實體辦公室工作，位置與原有角色不同（如我先前舉例的院長），那麼移動成本會是多少？如果你在某間辦公室的電腦周圍放了小提示（如便條紙或貼在牆上的筆記）來幫助你追上進度，那麼又該如何把這些提示帶到另一間辦公室？

本章開頭提到了傑克的例子。這位分析師在接手上司的工作後，承接了許多新責任。他應該問公司的第一個問題是：「既然要接手這些新工作，你希望我放棄哪些工作？」傑克當時不想放棄每天兩小時的深度工作時間，但這正是公司要求他放棄的內容。如果在升遷之前能和公司開誠佈公地討論要放棄的工作，其實可以為雙方避免很多麻煩。

／每個階段的重點／

第一階段：

◆著重回答兩個大問題：我是否在工作中承擔了太多角色？我在工作時是否經常遭到打斷，導致無法完成任何工作？

◆如果承接了太多角色，請評估在做決定時的掌握度有多少，以及有哪些角色是你自願承接的。

第二階段：

◆優先排序你最喜歡的任務和角色，並將人脈重心放在最能體現你職業身分的角色上。

◆學會以工作領域來安排工作的方式，即包含多重角色的廣泛工作類別。

第三階段：

- 了解職場中有哪些實體特徵會影響成功處理多重角色的能力。
- 在面試時詢問與工作安排自主程度有關的問題，包含工作時是否能保持在特定工作領域內。

第四階段：

- 說明你在工作中的明確身分，而該身分會聚焦於一個主要角色。
- 在面試時，說明你準備如何在新工作中運用這些技能，比如你準備如何規劃角色的重疊狀況，並減少工作過程的干擾。

第四章　屈居第二

☑ 無論多麼努力，
我就是無法升遷。

從公司拒絕塞巴斯汀升為主管，至今已經過了六個月，但他卻仍在憤怒中煎熬。他告訴我：「我已經當資深經理兩年了，這個職位只比主管低一階，我的表現也還不錯。」我問他為什麼認為自己應該升官，他的回答就像精心準備的演說。首先羅列輝煌成就，然後再強調「我就排在下一順位」。對塞巴斯汀來說，「屈居第二」是一種特別的折磨。首先，他輸給了「認識關鍵人物」的馬克，接著又輸給了兩名外部招募的求職者。這兩名求職者與他職位相同，但曾在其他公司任職。他接連三次闖進多輪面試，但最後卻收到通知，有人比他更適合這個職位。

像大多數的「屈居第二」這類型一樣，塞巴斯汀花了很多時間糾結「為何不是我」這個問題。到底是什麼原因讓我被刷掉？他的團隊表現出色，而據他所知，也從未得罪過任何人。賽巴斯汀在夜晚輾轉反側，不斷問自己：「這難道是巧合嗎？只是剛好與三個更強的求職者競爭？還是我有某個缺點，但沒人告訴我？」

在對話過程中，我不禁想起一位朋友，拚命想結婚但就是找不到適合的對象。看起來他這個人沒有什麼問題，只是時機未到。塞巴斯汀就像我那位單身的朋友，都度過了無數個反思自身過錯的夜晚。但令我驚訝的是，他從未問過自己兩個關鍵問題：這些人在成為資深經理前的表現如何？在此之前，他們是否擔任過與我不同的角色？塞巴斯汀認為，一旦獲得目前職位，過去表現和如何獲得工作的歷程就不再重要；最重要的是他在這個角色中的成就，而非過往經驗。但他錯了。

我問他如何獲得現在這個職位時，他告訴我：「當時沒人能接替這個職位。」他上一任員工因為嚴重的新冠症候群而離職，所以公司急需找人來填補空缺。要按照傳統方式徵才需要花費大量時間和金錢：包含撰寫徵才廣告，並請徵才專員面試求職者等等。因此，公司做了很多同行在緊急情況下會做的事，也就是任命了眼前態度最積極的人選，而塞巴斯汀正好態度積極又學習快速。

對我來說，這聽起來並不像夢寐以求的升遷機會，倒像是「戰場上的升遷」。有時，人們有機會升遷的原因，是因為公司面臨嚴重的人員流失或離職問題，公司更願意從內部升遷尚未準備好的員工，並提供培訓，而不是花時間和金錢在外部招募。從短期來看，這些決定對公司而言十分合理，但對升遷員工的職業生涯來說卻是一場災難。沒有經歷過某些關鍵中層角色，想升遷就變得非常困難。而當這種升遷機會出現時，招募人員往往會淡化被跳過的中層角色的重要性，因為公司急需填補職位空缺，所以會盡力促成升遷。

對塞巴斯汀來說，這個中間角色就是直屬上司。在這個職位，可以學會如何運用「企業思維」，也就是從只關心自身成果的個體貢獻者，轉變為關心公司成果的員工。他們學會了如何賦予權力，也了解如何讓自身地位從同伴晉升為上司，掌握了微妙的權力平衡藝術。在塞巴斯汀的公司裡，通常會在五至七人的小組中學會這項技能。而在他目前所處的職位，負責管理由三十人組成的團隊。但他面試的職位則需管理大約一百人。

塞巴斯汀最終了解到，安排他在目前職位任職的人，與任命主管職的人並不相同。任命主管職的管理階層走傳統路線，爬到高位的路途又窄又困難。他們絕不錄用跳過任一晉升步驟的求職者，尤其是像直屬上司這樣的關鍵角色更不可能忽略。

塞巴斯汀花了很多時間調查，才成功釐清狀況，但這本不應該這麼困難。公司隱瞞真相的理由其實並不充分；以公司角度而言，他們希望塞巴斯汀覺得受寵若驚，同意承接這個職位，如此他們才能繼續處理下個急需解決的問題。只有透過公司外部，尤其是類似職位徵才負責人的視角，塞巴斯汀才得以拼湊出真相。

對很多人而言，升遷的條件不僅會參考求職者在目前職位的表現，也要看過去累積的所有經驗。在許多職場中，就算沒有人提過，有些規則仍必須遵守。如果塞巴斯汀做了「身分危機」一章中「沒有人告訴我」的練習，他的回答可能會是：「沒有人告訴我，如果你想成為主管，不論直屬上司這個職位多麼有吸引力，你都必須忽視。如果公司說跳過一步沒關係，千萬別相信！」

「屈居第二」的上班族是什麼意思？

不是所有「屈居第二」都會面臨塞巴斯汀的問題，也就是意識不到是因為略過某一步，才導致升官受阻。這個過程中其實有許多障礙，有些人遭到拒絕後很快就能意識到，但也有人要經過數年才發現這點。

但所有「屈居第二」的共同點，就是他們的職涯歷程都相當豐富，卻在升遷道路上舉步維艱，也難以理解失敗原因。在本書提到的所有職涯類型中，「屈居第二」最了解自己的身分，卻同時對自己的處境最不確定。

多數的「屈居第二」都認為自己在做正確的事，或者認為過去數月或數年所做的事是正確的。但根據本章研究，在責任歸屬方面，人員升遷決策者與升遷遭拒的求職者，所持的看法相差甚遠。本章的目的，就是縮小決策者與「屈居第二」這類型之間的認知差距。我提供的工具會幫助你了解背後原因，從而找到符合未來理想的工作。

第一階段：為什麼我在這裡不快樂？

不論處於職涯中的哪一階段，任何人都可能經歷無法升遷的挫折。但就像塞巴斯汀，很多人不懂自己哪裡錯。上司是否沒有提供足夠回饋，導致無法意識到自身不足？如果去問上司，他們會願意承認自己並未提供真實有用的回饋嗎？為了深入了解這種狀況的成因，我希望先理解「屈居第二」與決策者間的溝通落差。我也認為，從第三方，也就是向已成功升遷的同事請益，對於了解差距也很有幫助。成功升遷的員工可能與「屈居第二」有著截然不同的回饋接受經驗，因為他們成功通過升遷考驗。

在感情中，我們常常對分手原因，或者對衝突的「真正」肇因沒有共識。有時這是因為沒有明確表達不滿的原因；而在另一方面，是因為收到的回饋難以接受，因此會採取各種自我保護的策略，避免自尊心受到打擊。「屈居第二」想知道的第一個問題是：「我是收到自己做錯事的明確跡象卻選擇忽視，還是所處的職場更接納溫和回饋，而非真誠有用的建議？」

針對三個不同群體，我各調查了大約一百名受訪者：「屈居第二」者（即在過去六個月內未能升遷）、成功升遷者（即在過去六個月內成功升遷），以及升遷決策者（即在過去六個月內負責升遷決策）。

首先，我為這三個群體提供了一份清單，其中列有十三個升遷或無法升遷的常見原因。針對每個原因，我給出了四個選項，並要求受訪者選擇最符合描述的選項：

a. 同事在工作時明確告訴我。

b. 我認為這是原因，但沒有人告訴我。

c. 有可能，但我不確定。

d. 絕對不是這個原因。

以下是清單的內容，請自行按照四個選項逐一回答。

我無法升遷的十三個原因

1. 同事對我的尊重程度不如預期。
2. 同事對我貢獻的重視程度不如預期。
3. 我以為我擁有的角色和責任，比實際上升遷所需要的更重要。
4. 升遷決策者從我的團隊／同事獲得負面回饋。
5. 我的表現未達到升遷標準。
6. 這次升遷的工作需要領導力，但我的領導經驗不足。
7. 升遷決策者不喜歡我。
8. 升遷決策者不尊重我。

9. 升遷決策者因為我的群體身分（例如性別、種族、社會階層、宗教）對我有偏見。
10. 這類升遷機會非常有限，競爭激烈，但我的競爭力不足。
11. 公司沒有提供培訓，因此我尚未做好準備。
12. 我的老闆對於決定誰升遷沒有多大影響力。
13. 我與另一位同事非常相似，但他獲得升遷。

在這十三題中，你能毫無負擔地選擇「同事在工作時明確告訴我」這點的有幾個？如果你和我的受訪者情況相同，那可能不多。

在這十三題中，「屈居第二」者選擇「同事在工作時明確告訴我」的比例平均介於百分之二到百分之十三之間，平均為百分之七。至少從他們的角度來看，他們並未在升遷失敗後獲得明確回饋。你想找到答案的第一個問題，就是了解自己是否獲得明確回饋，了解失敗的主因。我們需要真實資訊，而一味猜測理由也無法解決問題。

接下來，我把同樣的一份清單交給升遷決策者。對於這十三題中的每一項，我同樣提供三個選項：

a. 大家認為這是無法升遷的原因，但沒有獲得正確答案。
b. 這是大家所收到無法升遷的原因。
c. 以上皆非。

我的目標是了解他們所處職場中與回饋有關的規範，而不僅是他們個人有／沒有提供為何升遷失敗的原因。

決策者的回答是否能像「屈居第二」一樣，也能反映出缺少回饋的狀況呢？平均而言，決策者選擇「這是大家所收到無法升遷的原因」的比例約為百分之三十五。雖然晉升決策者聲稱所處公司提供明確回饋的頻率，遠高於「屈居第二」認為自己有收到的回饋（百分之七對上百分之三十五，差距非常大），但決策者的資料仍令人驚訝：平均有百分之六十五的決策者沒有提供答案。

事實很明顯，決策者並未提供對方所需的回饋，而在前述的十三個原因之中，還有更多有著巨大差距的回答。以一個明顯的原因為例：「我的表現未達到升遷標準。」在回絕求職者升遷時，這是決策者最常使用的表面原因（有百分之七十四的決策者曾使用這個原因）。但根據「屈居第二」的回答，收到此回覆的比例僅為百分之七。

相對而言，成功升遷的人明確了解自己成功的原因。我也提供了他們同樣的十三個問題，但以積極的口吻描述，針對成功的狀況調整敘述。例如：「同事對我的尊重程度不如預期」調整為「同事尊重我的工作表現」；而「同事對我貢獻的重視程度不如預期」則改為「同事重視我的貢獻」。各問題也有和「屈居第二」相同的四個選項，但改為獲得升遷機會的原因。他們也針對為何成功升遷的十三個問題選擇相符選項：

a. 同事在工作時明確告訴我。
b. 我認為這是原因，但沒有人告訴我。

c. 有可能，但我不確定。

d. 我能升遷絕對不是這個原因。

在十三個問題中，選擇「同事在工作時明確告訴我」約佔百分之三十二。而大約百分之二十五選擇「有可能，但我不確定」，另有百分之二十五選擇「我認為這是原因，但沒有人告訴我」。與「屈居第二」一樣，成功升遷的人也很少回答其他原因。相較於沒有機會升遷的人，成功升遷者的知識落差更小，但仍相當可觀，還有百分之六十八。即便是成功者也無法獲得具體答案。

如果已經完成上述調查，但仍難以理解為何會失敗，你並不孤單。第一階段接下來的內容，會幫助你深入探討背後原因，會把重點放在列表上十三個題目背後的常見核心因素。

在親密關係中，如果兩人對根本問題的看法不一致，很容易會因小事發生衝突，例如早上起床看到水槽裡還有髒碗盤。這些小爭執往往反映出的是價值觀的差異，而不是問題本身。對於「屈居第二」的人而言，我關心的是職業和職涯階段相關的三個主要根本原因。我們的目標是在進入第二階段時，你已經獲得這些問題的準確答案，如此一來，你不僅能了解自己的弱勢，還能了解讓你無法升遷的公司有何弱點。

那麼，我無法升遷的真正原因是什麼？

無法升遷的原因往往複雜又難以說明。

為了釐清這個問題，我歸納為三個主因：第一，「屈居第二」對自己的工作地位沒有明確了解；第二，他們經歷了職場「震盪」，突然改變工作方式不但破壞團隊動態，甚至打亂了地位層級；第三，所在的公司內部有升遷上的結構障礙。常見的原因包括：上司掌握的權力有限，或者這類型所處的職位沒有明確的「再升一階」。

這三個原因都可能是上述十三個問題背後的根本因素。

問題一：你是否知道自己的工作地位有多高？

若想了解「為什麼」，首先需要問自己一個大問題：我對自己的工作地位是否有準確的理解？

要擁有地位，必須具備能力和技能，並受周遭人認可才能獲得。列表前兩個問題與地位直接相關：同事對我的尊重程度不如預期。同事對我貢獻的重視程度不如預期。而其他兩個問題，即「沒有足夠的領導經驗，以及沒有承接適合的角色和職責」，也與地位息息相關。正如「漸行漸遠」一章所提及的，許多人會承接某些角色（通常是自願承接），是因為認為這些角色會帶來更高地位。有時判斷錯誤，就會導致對自身地位產生錯誤認知。

了解自己的地位多高，就代表清楚同事對你貢獻的重視程度：是否讓你有影響力，並會因為重視你的意見而選擇讓步。質疑自己的工作地位可能是件令人害怕的事。為了得到準確答案，請問問周圍同事，確定自身認知與現實相符。在示範如何達成這點之前，讓我們先來分析什麼是地位，以及為什麼我們常常對自己的地位有錯誤的認知。

地位十分複雜。我們得觀察同事在不同場合中的數百次互動，從在正式會議中做出重要決策，到工作期間時在走廊閒聊，才能察覺地位高低（無論是自己或他人的地位都是如此）。甚至於一些小事，比如誰更可能立即收到電子郵件回覆，都能提示誰擁有地位。

儘管地位的概念很複雜，但平均而言，人們對自己與他人相對地位關係的理解還算準確；然而，自我地位判斷的準確度卻差異甚大，有人很擅長，有些人則完全相反。

為何無法準確解讀地位呢？事實證明，有時工作地位需要基於適合的事情來認定，也就是擁有工作相關技能或經驗，這就是社會科學家所說的，基於聲望的地位。我們會尊重發言者，避免打斷，因為他們知道自己在說什麼，內容值得聆聽。如果你身處基於聲望的公司中工作，那麼你的能力和技能應該與地位直接相關。有時在工作中，認定地位是基於與經驗或技能並不相關的事情，比如性別、種族或者與上司的裙帶關係。有時雖然並不合理，但如果你是房間裡說話最大聲的人時，地位也會隨之而來。

問問自己：在我工作的團隊中，最受尊重和最具影響力的人所具備的工作經驗或專業知識，是否最有關聯？

如果答案是肯定的，那麼可能需要補上技能不足之處，藉此提高地位。但如果答案是否定的，那麼有可能是因為，你所處的職場中，地位判定系統並非以聲望模式為基礎。人們對自己地位的誤解的第一個原因是，在他們工作的職場，地位的認定並不是基於工作相關的經驗和技能。

我為參與調查的決策者提供了一份清單，由十五項與地位有關的因素組合而成，其中有些是基於聲望，有些則不是；然後要求他們思考，哪些因素能代表他們職場中最受尊重與欽佩、最具影響力的人（換句話說，就是擁有地位）。每一項有三個選擇：「絕對有影響力」、「沒有影響力」或「不確定」。

以下是清單內容：

□性別
□管理人數
□聰明程度
□會議的發言頻率
□讓他人害怕的程度
□是否與公司中的某人有親屬關係
□是否與公司中的某人是朋友
□種族
□年齡
□畢業於哪所大學
□在公司待了多久
□具備的專業知識
□工作表現如何
□職位頭銜

前三名答案是：第一，在公司待了多久；第二，具備的專業知識；第三，工作表現如何（約百分之九十的決策者都認為這三點「絕對有影響力」）。這些都是基於聲望而認定的地位指標。然而，有些決策者選擇的因素與影響地位毫無關聯，包括是否與公司的某人有親屬關係（百分之二十五）。在承接工作之前，要先知道決策者是否會基於裙帶關係來決定升遷人員，第二階段中會深入探討這一點。

如果你身處的職場不是仰賴努力和實力來獲得地位，那麼升遷可能相當困難。請完成上述地位因素清單，並在性別、種族、年齡、是否與其他員工有親屬關係，以及是否與其他員工是朋友等選項中計算所勾選的數量。這些影響地位地因素都並非基於聲望而認定。

誤解地位的第二個原因是，能表現地位的因素通常隱晦而難以察覺。要抓住這些因素，不僅要注意別人如何待你，還得觀察別人如何對待彼此。例如，艾希莉的發言遭史蒂夫打斷不代表什麼；因為儘管沒有人尊重史蒂夫，他仍常常打斷大家的發言，一直在爭奪地位。但是當莎夏打斷艾希莉的發言時，就是重大事件，因為莎夏的職位在公司階層的頂端，唯有別人越界時她才會打斷對方。

問問自己：我是否足夠了解工作中的人際動態，能夠明白地位層級？

你可能會錯過解讀地位因素的機會。如果這些因素是透過電子郵件呈現，但你並非這些信件往來的一份子，或者沒有閱讀信件，就會錯過這些因素。如果你遠距工作或以混合辦公方式上班，而其他同事在現場開會，則也會錯過。很多決定地位的行為都發生在非正式的互動中，像是會議結束後在走廊的談話就是。觀察他人的機會越多，掌握這些因素的機會就越多。

誤解地位的第三個原因是，不是所有團隊，對於有哪些事件可以「計算在」地位因素中都抱持相同看法。例如，年齡這因素往往伴隨許多刻板印象。有人認為，年齡較長、在公司工作時間較長員工應該地位較高，因為具備豐富經驗；另一些人則覺得年齡較長的員工創造力較差，學習新知的速度較慢，應該地位較低。即使該團隊認定地位的方式是以聲望為出發點，對於有哪些技能和經驗與地位相關的認知也可能存在分歧。也許某個團隊最看重經驗，但另一個團隊則更看重學歷。

問問自己：我的團隊是否會花更多時間爭奪地位、試圖決定誰的想法該受大家重視，而非實際努力工作？

如果是如此，你的團隊可能花很多時間在科學家所謂的「地位授予過程」上：想確認誰該擁有較高地位，誰只能擁有較低地位。這種團隊缺乏共識，無法決定地位的重要程度。

準確解讀職場中的地位層級與升遷有何關係？

一個後果很嚴重的錯誤，就是認為自己擁有的地位比實際更高。若對自己的地位判斷不正確，升遷之路就會變得困難重重。為什麼？

知道自己所處地位的人，也清楚知道他人地位，若想了解工作中建立人脈的對象，這種了解十分重要。商學院教授余思宇（Siyu Yu）和蓋文．基爾杜夫（Gavin Kilduff）發現，如果在工作中能夠建立對的人脈，也就是與能夠提供內部資訊的員工建立連結，知道該向誰尋求幫助，就能表現更出色。例如，假設你想在工作中推動新計劃，但不知道使用什麼策略來說服團隊提供支持才最有效，地位高的同事會教你一些業內技巧，比如互惠互利是否會是最佳選擇。聽取地位高同事建議的人，通常表現良好，在這個例子中就是成功說服團隊，獲得支持。

了解地位層級還有另一個好處，我將在下節會深入探討：這能幫助你了解上司或經理對於決定升遷對象的影響力有多大。你難以升遷的結構原因，與地位或表現無關，而是與頂頭上司的影響力有關。了解這點的員工會去尋找升遷的替代方案。他們會與有影響力的上司建立連結，或者要求調到這些上司的團隊工作。

如果我不擅長判斷自己的地位，該怎麼辦？

想在職場中讀懂地位，過程十分複雜。不過，即使判斷不夠準確，你還是可以透過一些小步驟來提高對自己地位的理解。

第一個目標，是學會如何讀懂地位的因素。正如前文提及的，這些因素通常很細微，但你可以從簡單的事情入手。比如在會議或團隊互動中，記下你的觀察：某人發言時，觀察其他人是否會回應，並會引用其發言內容，還是會立刻轉換話題？

舉個例子，假設團隊中有個同事叫傑斯。當傑斯提出某個意見後，比如「我覺得今年的營運預算應該砍半」，其他人是否會引用他的話，比如「我同意傑斯的看法，但我還想補充一點……」？還是傑斯說完後，就出現一片沉默，接著崔西接話，「如果各位同意的話，我想談談我們的徵才策略」？如果傑斯發言後，話題就切換了，那他的發言就沒有引起大家注意。地位低的人通常無法讓自身想法對團隊產生影響。尤其是在某些文化中，重視禮貌、不願打斷他人談話，經常可以在某人說話後的空白或對話中斷時觀察到地位因素的影響。

問問自己：我發言時，別人會回應並引用我的發言，還是話題會迅速轉換？

第二，學會詢問他人意見。收集了一些資料之後，可以向上司或團隊主管測試你的假設是否正確。不要問「我在這裡有地位嗎？」這個問題太模糊，別人不太可能直接否認，而且他們可能也不知道答案。你可以這麼問：「你覺得在討論刪減預算時，我提出的想法有沒有帶來影響？」如果沒有，你可以追問原因。問與地位相關的因素：別人是否尊重我的意見，我是否有影響力，誰是經驗更豐富的人，大家都會想聽他的想法？而不是直接詢問地位的問題。

第三，了解誰身處團隊以外，但在公司內部擁有地位。在辦公室工作的一個好處是，你可以知道適合的求助對象，以及如何與上司打交道。遠端工作者提出問題的方式需要更明確，才能了解職場中的非正式領導者是誰。即使你一開始地位不高，擁有這些「團隊外」的人脈連結對於升遷十分重要。在離職之前，請努力建立這種連結。你無法升遷的可能原因，是因為你尋求建議的對象不適合：你以為他們受人尊敬又有影響力，但實際上並非如此。

問題二：你是否歷經了職場「震盪」？

有時我們無法升遷的原因是命運造成的，職場的地位階層因此完全顛覆。也許某一天還擁有地位，隔天就失去了。「震盪」是指具有兩個關鍵特徵的公司變革：第一，此變革會帶來很大的顛覆，需要員工間的互相支持，才能度過難關；第二，這種震盪會改變地位階層。許多人都曾經歷辦公地點轉變，從辦公室改為居家，這就是一種震盪。能幫助我們在震盪前保持地位的因素（例如坐在辦公室前排），在震盪發生後就不再有效（因為 Zoom 會議沒有座位）。在我的研究中，有大約四分之一的「屈居第二」經歷過這種職場震盪，成功升遷的員工中是三分之一，而在雇主中則是二分之一。震盪十分常見。

震盪可能讓人措手不及，完全無法預料會發生。想像一下，如果你的公司位於雙語國家，政府突然將官方語言改為英語。從第二天起，所有公司會議都必須使用英語。因此非英語母語者的地位會瞬間下降。再舉另一個例子，想像一下，公司突然引進新技術，所有人都必須使用。在隔天，所有的技術專家的地位都會提升。我在「漸行漸遠」一章中提到的許多公司變革，都可以算是震盪的一種。

華盛頓大學的艾利亞．威（Elijah Wee）和共同作者，一同研究了震盪如何影響地位下降的應對方式。他們的研究對象是一個東南亞房地產公司的團隊，經歷了從私部門轉為公部門的震盪。這個震盪影響了所有員工，但副總裁寄了一封電子郵件給半數團隊員工，告訴他們在震盪後，需要從頭開始建立新的客戶名單。而另一半員工則沒有收到這個通知。這個舉措對員工的行為產生了巨大影響。

震盪前有地位的員工，也就是擁有大量人脈的人（在房地產業務中，人脈至關重要），感受到這場震盪威脅到他們的地位，結果就藉由私藏資源和內部資訊等方式自我破壞。而在震盪發生前地位較低的員工，則把這次經歷視為進步機會。展現出團隊合作精神，共享資源和內部資訊。而事實是，許多在過往地位較低的員工，在震盪結束後，超越了原本地位較高的同事。

如果你在工作中也經歷了震盪，就如研究中百分之二十四的「屈居第二」所經歷的那樣，那麼在地位階層中可能會降了幾級。如果在震盪前有很高的地位，請注意，不要為了把握短期利益，而拒絕將資源與視為競爭對手的同事共享，這樣會導致長久的損失。「屈居第二」可能會想：「我到底做錯了什麼？」答案可能十分簡單：「你只為自己著想，但沒人喜歡這樣。」

如果你在工作中遇到震盪，請迅速行動。謹慎判讀形勢，假設你之前追求地位的行為無法再讓你獲得他人尊重和欽佩，請改變策略。你的目標是維持升遷機會，而適應震盪帶來的影響是實現目標的關鍵。

問題三：你的公司是否具有升遷的結構障礙？

在這一階段，我主要關注的是你可能犯的錯誤，但有時，阻礙你成功的障礙其實是你無法控制的。這些是職場的結構性特徵，隱藏在表面之下，直到你試圖爬升時才發現它們的存在。

大家通常都不會覺得上司是障礙之一，但實際上，很多人無法升遷的一個常見原因，就是因為上司的影響力不如他們所想。很顯然，擁有想提拔你的上司很重要。但如果上司雖然欣賞你，卻沒有足夠權力實現目標，該怎麼辦呢？

蘇布是位工程師，還擔任過教師、講者、電腦工程師和顧問。他的工作經驗豐富，從只有幾名員工的新創公司到員工上千的大型企業都待過。蘇布學到的經驗是，有時雖然上司想提拔你，卻也無法為你敲定升遷機會。可能是因為不夠受人尊重，或者是在公司工作的時間不夠長，沒有影響力，也可能是「輪不到他們」選擇下一位升遷的員工。

在某份工作中，蘇布升遷失敗後意識到，競爭者有一百多人，而他的頂頭上司才剛走馬上任。這位上司在升遷決策會議上才得知，蘇布這樣的員工至少得在公司工作滿一年才有資格升遷。無論多麼優秀，年資才是公司優先考慮的關鍵因素。

問問自己：我上司的影響力是否真的有我認為的那麼大？

地位就像一根看不見的線，把你和頂頭上司緊密相連。如果上司沒有地位，那你也不會有。但不要指望上司會直接告訴你；針對決策者的調查中，只有百分之十六的受訪者表示，升遷失敗後公司會明確告知，是因為上司「沒有足夠影響力來決定升遷的員工」。

你可以運用了解自己地位的同一方式去了解上司的地位，也就是建立人脈、觀察上司與他人的互動，並記錄其觀點在會議中是否對決策產生了影響。運用間接方式通常更有效，因為願意承認自己地位不夠高的人很少。而建立人脈時，請記住哪些上司與升遷機會息息相關，而不僅是注意誰成功升遷了。

和人脈廣的上司合作，還能幫助你了解一個重要問題：在這間公司，是否有適合的「下一步升遷角色」。你目前的職場中，「下一步升遷角色」與你現在的工作內容可能相差甚遠，這不算升遷，而是職業轉型。

問問自己：這間公司是否具備適合我未來順其自然升遷的職位？

我遇到一位名叫佐伊的銷售主管，她在一間美國公司負責西部地區的銷售，近期就遇到了這個障礙。佐伊是非常出色的團隊領袖。她的團隊為該地區貢獻了百分之八十的收入。她的業績出色，希望升遷為副總。但問題在於，副總的職位包含管理美國的一大片地區，而該地區遠比她熟悉的地區大得多，而且她在那裡沒有任何人脈（而銷售工作全靠人脈）。

對升遷機會感到沮喪的佐伊，和其他幾位出色的銷售領袖一同展開調查。他們發現自己面臨一個隱形障礙，卻從未有人告知：若想在目前工作中表現出色，就需要建立「深而不廣」的人脈，也就是與少數的關鍵人物保持密切關係。若想要升遷，則需要一個「廣而不深」的人脈，即認識許多人，但不需要建立深厚關係。副總會帶著所領導的團隊，在各自區域內建立深厚關係。

事實證明，由於這一障礙，她所處職位上的員工從來沒有升遷為副總。大多數人都留在原職位，高高興興地領著高額傭金。與之相反，副總一職往往由外部人員補上，這些人在具有競爭力的公司擔任副總，且人脈很廣。而佐伊的上司，由於只在這家公司工作了六個月，對此一無所知。

如果你的理想職業大多是聘用外部人員而非直接從內部升遷，那麼你可能正面臨結構性障礙，就像佐伊所遭遇的一樣。第三階段需要詢問具體問題來探究這些障礙。在擔任你理想職業的員工中，有多少是從公司內部升遷的？他們花了多長時間才升遷？該職位所需的技能是否與下屬職位的技能息息相關，還是截然不同？

第二階段：我理想中的未來職業是什麼樣子？

到了第一階段的尾聲，你應該已經開始了解，是哪些因素阻礙你在工作中前進：你會了解自己的地位多高，是否缺乏技能或經驗，是否經歷過震盪，或是否面臨結構性障礙，包括上司地位不夠高等問題。即使尚未完全找出所有原因，這也沒關係。在第二階段，會運用人脈互動來繼續探索這些問題。

正如我在「身分危機」和「分身乏術」兩章中提到的，大多數成功建立職業生涯的人，在公司內外都有豐富的人脈。「屈居第二」通常也屬於這一類別。而第二階段的人脈策略，正是與曾經任職或現在擔任你理想職位的員工交談。

「屈居第二」這類人的錯誤，往往早在嘗試升遷之前就已經犯下了，通常在選擇距離升遷還有兩三步的工作時發生。而這種步驟規劃的錯誤，可能會發生在求職階段，也就是發生在沒有問對升遷機會相關問題時。以下這些問題應該盡早提出，最好在你準備申請之前。在這階段的過程中，目標是與不同公司的員工交談。公司內部的文化可能影響深遠，如本書中多次提及的，你的目標是在不同公司員工的答案中，尋找共通點。

成功關鍵在於，在制定人脈策略時以你想要的職位出發，而非你想入職的公司。「屈居第二」常常會覺得「外國的月亮比較圓」；他們會對某公司十分狂熱，認為那裡的升遷道路會比現職公司更容易。但事實往往並非如此，所以為了防止產生偏見，建立人脈時請多方考量。

我是否需要補上錯過的職位才能具備競爭力？

本章一開始提到的賽巴斯汀，沒有預料到直屬上司一職是升遷道路上的必要步驟。有些職業中，某些職位不可或缺，因為是獲得某種經驗類型的唯一方式。但很顯然，並非人人都能認同這些職位的重要性。如果認同，賽巴斯汀這類的員工早就能聽說這個消息。事實上，這些職位的重要性因公司而異，甚至在不同團隊間也有所差異。

舉例來說，我在紐約大學的系所中，心理學系涵蓋兩個領域。其中一個領域（認知方面）有一個重要規範，就是只能聘任在成為教職員前已經拿到博士後學位的人，而博士後學位就是學術界的一個「中間跳板」職位。而另一個領域中（社會心理學），其規則是僅能雇用研究所畢業生。這兩個職位的訓練時間可以差一至四年，但他們在本系所獲得的待遇完全相同，職銜、薪水、預期的表現都一樣。

你與該職業的人脈建立連結，並請他們分享自身工作經驗時，應該要尋找成功升遷的人之間有何共同職位，即使沒有明確說明為什麼這些職位很重要。這類職位的重要性可能會像行話或其他形式的規範行為一樣，具有一種「大家都知道」的隱性共識，而你可能還沒有意識到這種共識的重要性。就如同學習行話或規範的方式，唯一的辦法就是詢問。

你是否認為自己所擔任的職位比實際上更屬於「向上發展」的角色？

在「分身乏術」那一章中，我提到職位可分為三類：「日常」角色、「向上發展」角色和「熱忱」角色。其中，「日常」角色佔據了大部分時間，是工作核心所在，這個角色通常與績效緊密相關，如果你無法掌握這個角色，升遷將會困難重重。「向上發展」角色可以幫助你超越現前職位，提供曝光機會，展示日常工作以外的技能。最佳「向上發展」角色是領導方面的職務，特別是在你專業領域以外的領導角色更有如此特質（比如擔任策略規劃委員會主席）。「熱忱」角色則是你喜愛的工作，為工作賦予意義，但可能無法為你帶來地位。只有極少數幸運者能藉「熱忱」角色在職場上平步青雲。

寫下你在工作中扮演的角色，並將它們分別放入這三個類別中。你與人脈聯絡交談時，請確認對這些分類的假設為何。例如，你是否承接過多與升遷無關的「日常」角色？「屈居第二」有時會陷入「邊際效益遞減」的陷阱；持續投入職位所需的努力，與表現良好所帶來的利益已經不成正比了。這些職位曾經很重要，但如今已不如以往。以我為例，就像是在別人的書裡放入我撰寫的章節（這跟自己寫書完全不同），對現在的我幫助有限，卻對於我的職涯早期非常重要，因為當時我的出版作品還非常少。重新調整對於這件事情重要性的認知，也花了我一段時間。

「屈居第二」的一個更大錯誤，就是將某些「向上發展」角色分類錯誤。第一階段討論過，要準確衡量自己的職場地位十分困難，而你感到掙扎的原因之一，可能就是認為增加職場曝光度的角色，也就是帶來高層見面或參加重要會議機會的角色，同樣也能帶來尊重。但事實不完全如此。讓我們一起來看看以下這個實例。

我和一位人資主管談過，她分享了一個最近在她公司發生的問題。現在的趨勢就是建立自己的員工資源小組（ERG），目標在於將擁有共同身分認同的人聚集一起，因為這些人可能很難與他人建立連結。最近，公司 CEO 決定更認真參與多元與包容等議題，因此她每月會與所有 ERG 主席會面，請他們分享小組需求。許多 ERG 主席都認為這是與 CEO 面對面暢談的絕佳機會。但，主旨為 ERG 的會議並不能展現出 CEO 通常會關心升遷相關決策技能。很多人開始跟風，自願成立自己的

ERG，因為他們錯把這些「熱忱」角色誤認為「向上發展」角色。

注意，不要誤判了「向上發展」角色。我的研究中，有大約百分之二十「屈居第二」類型的人擔任某個角色，是因為該角色能提升聲譽；有百分之十的人擔任該角色的原因，是因為認為這會讓打考績的上層印象深刻；還有百分之十一的人覺得，這會讓權力擁有者印象深刻。但在這些參與者中，有超過四分之一（百分之二十六）的人認為，自己未能升遷的原因正是高估了職位和職責的重要性，雖然沒有人明確告訴他們這一點。

問問你的人脈：「我已經從事這個職位一段時間了，但我不確定是否有助於升遷。你認為這個職位和我的目標有何相關／不相關之處？」在ERG的例子中，答案可能是：「你做得很好，甚至有機會見到CEO。但CEO從這些會議中，並沒有對你的工作表現留下任何印象，只是感受到你對團體的熱忱。」一個簡單問題搭配簡單答案，能夠為你省下大量時間和精力，避免花費在對升遷沒有幫助的角色上。

你是否清楚這個職位的稀少程度？

越升遷，機會就越少。討論到升官這個話題時，很多人對升遷機會的基礎機率判斷錯誤。我們通常會基於某些現象來判斷，比如該職位有多少招募訊息，或者社交圈中有多少人曾經任職，或現在就是該職位員工。

我的研究中，有大約百分之五十五的上司表示，他們會明確告訴未成功升遷的員工：失敗原因是因為職位稀少，而他們的競爭力不足。但「屈居第二」類型的人中，只有百分之十的表示公司有明確告知這個原因。可能是由於上司針對職位稀少方面的溝通表現不佳，也可能是這些員工並沒有完全理解上司的意思。兩種情況可能都是事實。但對於職缺稀少程度的認知，誤解的方式可能有很多種。

首先，多數人都從自身競爭角度來思考問題：誰是職場中與我最相關的競爭對象？也許是坐在隔壁辦公桌的約翰。約翰的表現似乎總比你好一點，這讓你心生不滿，所以時刻監視著他。約翰可能是升遷競爭者之一，但實際上，他也可能只是幾百位競爭者中的一名。在學術界中，這種情況十分常見。學生們互相較量：誰發表的論文多？誰的演講更出色？但真正的競爭者卻是一群你不認識的無名之輩。

在我的研究中，「屈居第二」類型的人大約有一半（百分之五十五）認為自己知道競爭升遷機會的對手是誰。多數人也認為，自己輸給了公司的某個同事（百分之六十七）。有鑑於「屈居第二」和決策者之間有著巨大的溝通落差，誰會知道這些數字與現實的關係為何？升遷競爭就像一場黑箱作業。

其次，我們很難掌握求職者的人數。招募人員和經理通常不會提供這類資訊，如「有五十個求職者和你一起競爭這份工作」。其中一個原因是，人數經常在變化；即使對方願意告訴你，也無法提供準確答案。正如我前面多次提到的，徵才過程通常是循環進行的：發佈職缺，求職者申請，職缺關閉後又重新開啟，新的求職者又再次申請，因此競爭者的人數並非靜態數字。另一個原因是，許多職位在未曾發佈徵才資訊前，就已經有人入職，因此「求職者人才庫」可能只是一個理論，而非實際存在。是否能得到這份工作會取決於你的人脈，而不是有多少份履歷投進徵才系統。

到這個階段，請務必了解你理想職位的稀有程度。

想準確了解你有何機會的最佳方法，就是與在你理想職位上任職的員工交談。首先請詢問對方，在於有競爭力的求職者中，有多少人能獲得該職位（每年或每季）。這裡的關鍵在於「有競爭力的競爭者」。了解該職位的求職者有一千人沒有意義，除非其中只有五人具備資格。但是如果只有百分之五擁有高競爭力的求職者能獲得該職位，即便你是其中之一，成功機會仍然渺茫。

接下來，請詢問那些員工：「開放該職位需要什麼條件？」在許多職場中，某些職位具有隱形障礙：預算刪減、有員工退休、有員工遭解雇等。而在其他職場中，可能會每年固定提供十個職位。

第三階段：開始查證事實，確認這個職業是否適合你

第一階段和第二階段完成後，你應該已經清楚自己需要採取哪些步驟，才能提高下一份工作中的升遷機會。無論是補滿履歷中的空白處，承接額外的「中間跳板」角色，或是轉換方向，請放棄你最初以為是「向上發展」，但事實並非如此的

角色。你可能會發現，在升遷之前，仍需要在目前工作或與你的職位相近的角色中工作一段時間。

第三階段適合已準備好離職，可能是為了繼續升遷或平行移動至其他公司的人而設計。下方我將介紹在過程中，需要向招募經理、面試官和招募人員提出的問題。但首先，我先提供兩個廣泛的建議。

不要把找工作的目標鎖定在職銜上

研究顯示，多數「屈居第二」類型的人都在追求變換職銜，大約有百分之八十三的求職者這麼做。職銜的變化是地位的象徵，我能理解他們的渴望。然而，將職銜名稱變更作為主要目標可能會帶來許多問題。在過去，不同行業對職銜的定義有著一套共同認知，但現在已經與以往十分不同。新的職稱如雨後春筍。如在疫情前，帶有「資深」字樣的職缺數量約佔百分之三點九；而到了二〇二二年春季，這個比例已經翻倍至百分之六點二。負責招募和撰寫徵才廣告的工作者很快地意識到，可以運用誇張的職銜，而不是使用準確的描述，來吸引更多求職者。

如果因為看到某職位的名稱是「資深」或「首席某某」（如首席幸福官），就覺得心動想申請，那麼你應該先深入了解該職位的具體工作內容，看看背後實際的需承擔的責任是什麼。最關鍵的是，請問問公司外部的人，是否聽說過這個職稱，以及認為它代表什麼。如果外部沒有人尊重這個職稱，那麼這種誇張的職稱並不會幫你提升地位。

帶著一份清單去面試，上面羅列可能遇到的事，不論好壞皆可。有很多人由於獲得升遷機會而十分興奮，整場面試都在努力表現自己或詢問未來機會，這些是如果表現得當，就可能出現的好事。然而，通常升遷是一把雙刃劍。隨著責任增加，壓力也會變大，工作量也會隨之變多，工作與生活的平衡可能會變得糟糕。在「分身乏術」一章中，我建議在面試時問一個問題：「這裡是否有接受拒絕的文化？」這個建議在這裡同樣適用。升遷往往代表你需要同時管理多個角色，也需要小心避免自己分身乏術，為了討好上司而接下太多新任務，結果是什麼都做不好。

我為「屈居第二」和成功升遷的人列出了一份清單，其中包含十三個升遷後也許能改變的因素（對於「屈居第二」來說，這是他們希望在升遷後會改變的內容；對於成功升遷的人來說，這是他們晉升後實際的變化）。每個一個因素都可以選擇回答「更多」、「更少」、「一樣」或「我不知道」。以下是清單內容：

變化清單

1. 薪資
2. 職責數量
3. 管理人數
4. 領導的責任
5. 彈性工作時間
6. 旅行頻率
7. 同事的尊重
8. 壓力
9. 工作與生活的平衡
10. 自主安排日程
11. 自主安排工作時間
12. 自主安排工作地點
13. 對決策的影響力

你可以做這個小測驗看自己的樂觀程度，如果你升遷了，會遇到更多好事還是壞事？

以下是我在研究數據中發現的內容。

平均而言，「屈居第二」這類型認為升遷後，其他元素也會隨之提升：大約百分之八十的員工預計自己會得到更多責任、薪酬、領導的機會、同事的尊重以及對決策的影響力。這些數字與成功升遷員工的經歷大致符合，平均為百分之七十八。

不過，兩組受訪者在升遷後的心理壓力變化十分不同。約百分之六十八成功升遷的員工表示，升遷後的壓力更大，而「屈居第二」中約有百分之六十預計壓力會變大。大約有百分之十五成功升遷的員工表示，升遷後工作與生活間的平衡有所改善，而「屈居第二」中有百分之二十五認為會更加平衡。**我們預測未來發展時，往往會高估發生好事的機率，低估壞事出現的可能性**。

參加最後一關面試時，請帶上這份清單。你已經充分了解此職位，也非常靠近它了，因此請與擔任你理想職位的員工交談，並把這份清單給他們看。目標是對未來的職位有實際了解。請記住書中開頭提及的「每日壓力測試」結果。如果對方告訴你，升遷後的壓力增加了，請深入了解他們的日常工作是什麼樣貌，並了解背後原因。你需要保證升遷目標與心理需求相符。

面試

本章中，我分享了許多數據，是有關升遷決策者與求職者之間的溝通差距。參加面試時，應該假設自己對升遷決策背後的情況所知甚少。把面試當作機會，證明自己的假設是正確或錯誤。以下一系列的問題可以做為你提問的引導方向。

是否有任何方式來審核並篩選求職者？是否能告訴我這個過程？

在整本書中，我介紹了這個問題的不同版本。對「屈居第二」類型的人來說，這個問題的目的是讓他們更清楚了解競爭中的「黑箱」，這是我在第二階段提到的概念，指的是許多「屈居第二」不了解職位的稀少程度。你有可能會獲得這份工作，但問這個問題，能讓你對這間公司的未來升遷機會有更深入的了解。如「你們是否有決策相關規則，來決定哪位員工符合升遷資格？比如公司工作資歷？」的具體提問，可以展現你在思考長遠的職業規劃。還有像「你們是否有優先規則，來決定哪些經理可以讓某員工升遷，還是所有符合條件的員工都會進入同一人才庫作為考量？」這些問題很重要，關乎你未來是否有機會成為經理（也了解你的經理所處的地位，對未來是否有影響）。

公司應該要能告知徵才和升遷流程。在我的職位中，我經常參與招募教師的工作。我們有一套專屬流程，而我也樂於向任何來洽詢的人分享這些資訊。我們還有相關規則，規定誰有資格晉升為終身職的教授（所有在此工作滿五年的員工都必須參加升等評估），以及誰可以晉升為正教授（你也可以選擇永遠不參加評估，但至少需要擔任副教授五年，除非有特殊情況）。這些資訊都不應視為公司機密。

如果缺乏明確的流程，則升遷決策中會有許多機會受到偏見影響。例如，性別、種族，以及員工是否與上司有親屬關係（這些並非第一階段所討論到地，以能力為基礎的地位因素）都可能影響升遷決策。我討論到這些因素如何影響團隊中的地位，但同樣也能影響可以加入團隊的對象。

升遷失敗與成功後的回饋流程是什麼樣子？

在面試過程中，請針對回饋流程提出具體問題，尤其是失敗後的回饋流程更是如此。詢問經理和主管會如何提供回饋、何時提供，以及回饋有何結構。如果對方回答：「如果你最終沒有入選，我們會希望你的經理提供原因」，那麼這會是危險的信號。如果公司沒有要求經理負責提供回饋，或沒有具體指導方針來保證回饋符合個人狀況又實用，那麼你將會面臨很多不確定因素。

我需要的是在現有角色技能上繼續延伸，還是截然不同的技能？

很多人在不具備必要技能的情況下升遷至新職位。在這種情況下，升遷不是機會，而是衝擊：面臨工作環境的巨大變化，新的成功規則，這與你的原先職位不再相關。由於技能（或人脈）在新職位中不像在舊職位中那麼有用，這類人不僅在工作表現上面臨挑戰，還會難以保住工作中的地位。因此，許多人會轉為微觀管理。在不知道新角色應該做什麼的情況下，你可能會過度監督仍處於舊角色中的員工。

當然，升遷後需要掌握一些新技能。但這些技能不該在新工作第一天造成意外。你的公司應該在為你升遷之前，就設立培養技能的流程，而不是在之後才行動。公司應該設計一個流程，提早辨識出具有升遷潛力的員工，並提早為他們做準備。對你而言，這可能代表會跟隨未來職位的現職員工影子實習，或者參加公司在工作時間內安排的培訓課程。不論過程為何，面試官應要在面試中清楚說明。

我可以在離開現有職位之前設立接班計劃嗎？

作為上則問題的延伸，請詢問公司是否有接班計劃。一些參與我研究的「屈居第二」者給出了無法升遷的其他理由，比如「我太貴了，無法換人」或「如果我升遷了，就沒有人能接替我目前的工作」。如果你在工作中表現出色，就很有可能無法升遷，因為把你替換掉的成本太高。而且，有時這種成本並不明顯。

例如，假設你在銷售部門工作，管理一個五人小組，這些人每年會帶來兩萬美元的銷售額。對公司來說，替換像你這樣知道如何培訓團隊來創造收入的員工，可能比替換一個單獨貢獻十萬美元銷售額的員工要困難得多。財務底線雖然相同，但達成目標所需的技能卻截然不同。

請注意太過出色、替換成本過高，或不方便替換等危險信號。你不會希望任職的角色太珍貴，因為這種角色往往是員工感到自己未受充分賞識的原因，也是下一章的話題。

第四階段：找到你熱愛的工作

對於「屈居第二」類型的人來說，找到適合工作的關鍵在於，展現出你已經仔細考慮了有關升遷的決策規則，以及可能面臨的潛在障礙，而不僅僅是追逐職位頭銜，或將搜尋目標鎖定在工作會獲得的好處上。

當我訪問到參與研究的決策者，在升遷決策中經歷了什麼變化時，約有百分之三十一提到，升遷的相關責任與目前工作內容完全不同。一位受訪者提到，升遷後的工作內容從資料分析轉為進入公司負責資金管理並參與交易運作。另一位受訪者表示，在升遷後，他從出外勤的製圖師，轉變為參與技術設計決策的建築技術師。

因此，針對「分身乏術」這類型如何找到適合工作的那一段落，也同樣適合

「屈居第二」。有許多建議，像是如何說明處理多重角色的計劃，以及如何回答「如果你承接這個角色，打算放棄什麼？」這類問題，同樣適合「屈居第二」類型的人參考。有些建議是關於如何保證不同工作角色在履歷中互相搭配，而非只是零散無序的排列，也同樣適用於這類人。升遷決策者需要看到你有計劃地一步步晉升，而非僅是隨意切換。

此外，以下提供面試過程中的三則建議，請謹記在心。

在對方問及某項職位的準備情況時，請看狀況保留

整本書中，我多次建議不要過度推銷自己的技能和經驗，並要明確表達自己已準備好承接什麼職務，又有哪些方面還需要指導。「屈居第二」常常想透過列舉成就，希望能打動面試官，但適時語帶保留也能展現出謹慎的態度。

你面試時，可以這麼說：「整體而言，我認為自己已經為技術設計決策的職位做好準備，因為我過去做過X和Y，已讓我準備就緒。然而，在Z這項特定任務方

面，我希望能接受額外培訓。能否告訴我，貴公司是否提供這方面的機會？」這種方式尤其適合升遷後承要接完全不同角色的百分之三十求職者。沒有人期望你會所有事情，面試官需要的特質，是你已清楚認識需要尋求協助的領域。

呈現你為面試的公司所做的「我想去的地方」的研究

最近，我替一位求職者提供職業建議，他精心編寫求職信和履歷，突顯對未來職業發展的方向。他成功羅列了自己對公司成果的貢獻，並說明自己為何適合培訓其他同事做一樣的事情。他求職信中的「投資回報」部分寫得很好，強調了他的成功如何影響公司財務底線。

他成功獲得了面試機會，並希望得到事前準備的相關幫助。我問了他一些具體問題，與他應徵的歐洲精品公司有關：「這間公司有多少員工？其中有多少員工是從創立十年以來一直待在公司的？」

他有些困惑。他花了很多時間思考如何展現自己的成功，但完全忘了去

LinkedIn 上查詢公司員工的資訊，並深入了解其工作經驗。他不知道在三十位員工中，有多少位是從內部直接升遷的，又有多少位是突然空降，公司直接任命為高階主管的。

顯而易見，你應該對正在面試的公司展開調查。但「屈居第二」這類人可能過度專注於說服面試官自己能勝任這個職位，而忘記要換位思考，甚至忽略應該要了解其他員工在過去是如何成功的。若想展開調查，可以從快速瀏覽公司網站或 LinkedIn 頁面開始。像這類的簡單看法：「我發現，目前的現任員工中，大約有一半是直接從內部升遷的，根據他們的職稱變更來看，這真的很棒！代表貴公司的升遷規劃很有前景。」往往能表示出你已經做好了功課。公司希望提拔對公司特別投入的員工，而這種投入就從從花時間了解公司開始。

這就像在約會時，提及一些你從朋友或對方的交友檔案中觀察到的小細節。你不會在整個約會過程中都在談論自己。會想說些像：「我聽說你在香港住了兩年，感覺好酷！」這樣的說詞來展現你對對方的興趣。就像約會一樣，小細節能帶來好效果，因此你也不需要記住關於公司的一切。

如果你想要平行或向下轉職，請思考該如何表達想法

在蘇布職涯中的某個階段，他對於自己的職位感到極度倦怠，所以決定轉職，改為承接責任較少的職位。他之前任職的公司是新創公司，一個人要承擔多達十幾個人的職位，讓他分身乏術。他後來升遷到新創公司的高層，但壓力讓一切都變得不值得。

因此，為了得到自己真正想要的職位，他決定先後退一步，再繼續往上爬。蘇布不再進入新創公司，而是改為選擇已經穩定發展的公司。但問題在於，他的經驗和成功讓這些公司無法相信他願意留在地位較低的職位中。

經歷第一和第二階段後，你可能會發現，若想要升遷，就必須補上遺漏的職位。或者像蘇布一樣，你也可能會意識到，角色地位並不如想入職的公司類型和想做的工作重要。蘇布必須說服這家公司，而該公司拖延了幾週才做出決定，相信蘇布不會在更好的機會出現時馬上離職。而這大部分取決於蘇布如何描述自己在這間公司的發展方向。他說明了在公司中如何升遷的計劃，並要求公司對時間表提供回

饋，以保證與現實相符。

「屈居第二」類型的人往往不認為，說服招募方自己會留在比目前地位還低的角色中，是獲得升遷機會的關鍵。你需要說明，承接這個職位的原因，並非是因為市場緊縮或自己處於絕望中。「我了解這個職位的決策權較少，報酬也比我目前的工作低。但我已經思考了這個職位長期的進展。我的計劃是，在掌握Y技能後，我會進入X的職位，但目前我還不具備這種技能」這類說明，可以有效緩解面試官的擔憂。

／每個階段的重點／

第一階段：

- 「屈居第二」往往沒有得到明確且一致的回饋，讓他們知道自己哪裡做錯了；即使是招募和解雇的員工也表示，這種回饋十分少見。
- 解答三大問題：你是否知道自己的工作地位有多高？你是否歷經了職場「震盪」（地位的擁有狀況突然改變）？你的公司是否具有升遷的結構障礙？

第二階段：

- 利用人脈關係回答「我需要填補哪些職位才能具備競爭力？」這個問題。
- 藉由詢問有多少具競爭力的求職者獲得此職位，來了解該職位的稀少程度。

第三階段：

- 尋找工作時，不要將職位名稱作為搜尋的依據。

- 建立一份升遷後可能會遇到的變化清單（包含好和壞），如此就可以分析並準備應對可能改善生活的面向，以及可能惡化的面向（例如幸福感）。
- 運用面試過程來釐清在新公司的升遷路上可能遇到的障礙。可以問：「失敗後的回饋過程如何？如果我離開目前職位，是否有繼任計劃的相關步驟？」

第四階段：

- 面試中表現自制力，不僅要說明你現在能做的事，還要說明想接受的培訓。
- 做好準備，對面試的公司有一定了解。類似知道該公司有多少高階主管是從內部提拔的這種小細節，都能展現你對公司的誠意。

第五章　被低估的明星

☑ 我對職場的貢獻與回報不成比例，付出也未受賞識。

在我坐下來寫這最後一章時，很難決定從何處下筆。我採訪過的人之中，誰是「被低估的明星」的完美代言人呢？是已經從事尖端研究整整二十年，卻已經十年沒有加薪的傑出的生物學家大衛嗎？還是那位不僅要處理自身工作，還得經常花時間調解上司與團隊間衝突的財務長克莉絲汀？

在相識又聊過天的眾多職場明星中，選擇一顆作為代表十分困難，因為大多數人對「明星」這個名稱十分疑惑。我常聽到這種反應：「你是為了哪一章要訪談我？」「噢，那不是我吧，誰會這樣叫自己？」

稱自己為「被低估的明星」的確需要足夠勇氣，不是人人都愛「明星」這個詞，雖然多數人對於「被低估」這部分沒有任何意見。但我面臨的更大挑戰是說服這些優秀的人才：他們真的是明星，而且是被遺忘的明星。即使這些人已數十年都沒有得到實質加薪機會、努力工作卻只換來更多工作，當我稱他們為「被低估的明星」時，他們仍會有些猶豫。

許多這一類型的人並未意識到自身技能有多麼出色，以及自己是「明星」的事實。他們所具備的技能在所處的職業市場中，往往會懷才不遇。舉例來說，很少有工程師因為擁有擅長調解衝突這樣的軟性技能而獲得錄用，但是擅長這項技能的人，對於員工流動率和參與度有著很大的影響。這項技能很少衡量或記錄，有部分原因是難以量化，另一部分原因是，對績效僅有間接的影響。

還有一些人很清楚自己的技能有何價值（他們的上司也知道），但這些技能太獨特，因此如果他們在公司內成功升遷，就沒有人能接替他們原先的職位。公司非常重視他們，卻又只能將他們困在角落。

也有人已經習慣不受賞識，甚至忘記了受到重視是什麼感覺。他們就像長期包辦所有家事的配偶，甚至難以想像回家後看到餐桌上已經擺好晚餐會是什麼感覺。許多這類型的人，常年承擔比起他人多得不合理的工作，卻已對此感到麻木。

本書提及的其他類別，都可以藉由自我反思來找出自己所屬類型，無論是面臨「身分危機」並想轉職，或是因為承接太多角色而感到「分身乏術」，又或者因為工作上的變化而難以辨認所屬職位樣貌，從而「漸行漸遠」都是如此。潛在的「被低估的明星」在準備進入第一階段前，需要更深入自我挖掘。接受「被低估的明星」的標籤這件事本身，就是一種自我修行。為了幫助你展開自我探索之旅，我們先從一些明確的定義開始。

什麼是「被低估的明星」？我如何知道自己是不是這類型？

首先，讓我們從「明星」這個詞開始講起。

在「屈居第二」中，我帶你了解了職場地位的重要：何謂職場地位？為什麼知道自己所處的地位多高很重要？該如何獲得更高的地位？人們之所以不願意接受「被低估的明星」一詞中的「明星」這部分，是因為他們並非位於職場地位的金字塔頂端。不屬於高層管理階層，沒有領最多的薪水，也沒有最豪華的辦公室，當然也未必獲得了所有同事的尊重和欽佩。大家不會一直依賴他們（即使應該這麼做才對），也不會常常在會議上徵求他們的看法。

本書中，擁有職場地位並不是你能否自詡為明星的標準。明星有各種不同的形式，許多明星根本地位不高（因此才有「被低估」這部分）。許多人所處的職場不以能力授予地位；在這些公司中，人們更關心的是和上司有沒有親屬關係，或是否上過明星私校，而不在乎是否擁有工作相關技能。

在我看來，職場明星有三個要素：第一，你擁有一項與工作相關的技能。發揮這項技能時可能會直接影響績效（你是能投中三分球的籃球運動員），或可能間接影響績效（你能把上司的混亂郵件內容翻譯成對團隊的清晰指示）。第二，這項技能在工作中很罕見，並非人人都有。如果籃球隊中的所有成員都能投三分球，或是人人都能明白上司的真實意思，那麼你的技能就不罕見。第三，你在這項技能上的表現比其他人更出色。你的三分球命中率更高；其他同事只能將混亂的郵件內容翻譯對一半，但你總能完全翻譯正確。

第三個標準可能最難以評估，同時也是在自我診斷為明星時面臨的最大挑戰之一。這需要經歷自我挖掘，就像學習了解自己的地位一樣。在與潛在明星的對話中，這也是他們最容易搞錯的地方。他們擁有某項技能，知道這項技能很罕見，但同時卻高估了自己相較於他人的表現。在第二階段，我會幫助你了解自己相對於他人的排名如何，無論是在目前工作中，還是市場上都能有所理解。

我該如何衡量自己身處的明星地位？

從我在「身分危機」一章中介紹的「三件事練習」開始。

三件事練習

1. 你工作中的任務是什麼？
2. 執行該任務所需的技能是什麼？
3. 該任務是在什麼場合完成的？

在「身分危機」一章中我們運用這個練習，列出轉職時需要的關鍵技能，在本章也能使用此方法，評估你擁有的某項技能是否與明星的地位有關。反覆進行練習五次，分別列出五項技能、任務和環境。

接下來，針對各項列出的技能，請回答下列三個問題：

1. 這項技能是否會直接或間接影響工作績效？
   □是 □否
2. 你的職場有多少人具備此項技能？
   □幾乎沒有人 □少數人 □一些人 □很多人 □大多數人
3. 相較於其他具備這項技能的人，你的表現如何？
   □差很多 □稍差 □大致相同 □稍好 □好很多

接下來，讓我們逐一檢視三個「明星」的標準。

標準一：這項技能會影響我的工作績效

我曾邀請一百位「覺得自己在工作上不受賞識，且薪資或待遇不符貢獻」的人進行這項練習。他們和你一樣，完成了五次練習，並列出五項不同技能。在這五項技能中，大約百分之七十二表示這些技能會直接或間接影響工作績效。這表明，大多數人在此階段已具備成為「被低估的明星」的資格。但正如我接下來要討論的內容，需要滿足所有三個標準，才能真正屬於「被低估的明星」這類型。

如果在績效這題，你的答案是肯定的，接下來請問問自己：「每項技能與績效的關聯為何？」

我也問了受訪者同樣問題。縱使技能與績效間的連結有時並不明顯，但他們依然能解釋得很清楚。舉例來說，有位受訪者的職責是分析基因表現數據，他回報：「我具備的生物資訊學專業知識直接影響了我的工作績效，讓我能有效處理並解讀複雜的基因資料，這對理解癌症的遺傳基礎與開發標靶治療十分重要。此外，這項技能還間接促進機構成功，推動了以資料導向的決策和抗癌研究工作進展。」我喜歡這回答的廣度，不僅說明了技能對績效的部分影響（開發標靶治療），更把影響推展到全世界（推動抗癌研究工作）。

再舉另一個簡單清楚的例子。有家商店的收銀員表示，他的「速度和效率」影響了工作績效，因為在效率不高時，「排隊的隊伍變長，不高興的顧客會影響其他還在購物的顧客，導致更多不滿的顧客得不到幫助，形成惡性循環。」這位收銀員清楚說明了效率不足會如何引發顧客不滿的連鎖反應。

你思考自己的答案時，想想如果無法有效運用技能，會造成什麼後果？如果你表現不佳，會影響到誰？就像商店收音員說的，你的答案可能是：「我身邊每個人。」或者是基因分析師的回答：「整個癌症的研究。」理解這些影響的範圍，在你考量下一份工作時也十分重要。

標準二：這項技能很稀有

你有幾項技能在職場中算稀有？儘管很難知道你的技能在整個市場上有多麼少

見，但你應該對自己和同事的差距有一定的認識。五項技能之中，約有百分之十一的人表示「幾乎沒有人」擁有這項技能，另外百分之十八的人表示僅有「少數人」具備此技能。這兩組人總共佔了研究樣本的百分之二十九，根據第二項標準，符合「被低估的明星」的資格。其他組（包含一些人、多數人、大多數人）為剩下的百分之七十一。

標準三：我在這項（稀有）技能上的表現比其他人更優秀

現在讓我們來看看成為明星的最後一項標準：你在這項技能上的表現比其他人更出眾。約百分之七十的受訪者表示自己在這項技能上的表現「稍微好一些」（百分之三十五）或「好很多」（百分之三十五）。由於大多數人都具有「比平均值優秀」的心理效應，這些數字其實不令人驚訝。也顯然有些人會有自利偏差的心理，只有百分之四的人認為自己「差別人很多」或「稍微差一些」。

綜合這三個標準，評估你的職場地位。

不需要每項技能都符合這三個標準，才能具備明星的資格，但至少應該有一項技能同時符合三個標準。我評估了受訪者列出的各項技能。如果某項技能滿足以下三個條件，我就會將該技能視為「明星技能」：

一，受訪者表示該技能與績效相關；

二，「幾乎沒有人」或僅有「少數人」擁有該技能；

三，受訪者在該技能上的表現比他人「稍微好一些」或「好很多」。

你有多少技能符合「被低估的明星」的標準？

我的研究中，平均約有百分之十九的技能符合「明星技能」的標準，即同時滿足所有三個條件。但有趣的是，約有百分之四十八的受訪者符合「被低估的明星」的資格，也就是擁有至少一項同時符合三個標準的明星技能。大多數人在某種程度上可能都是「被低估的明星」這類型，擁有一項讓自己能脫穎而出的明星技能。

到了這個階段，你可能會想：「也許我並非自己想像中的明星？」如果你這麼想，我鼓勵你繼續讀下去。你仍須了解自己的技能與業界同行有何差別。

我在工作中有哪些方面不受賞識？

接著我們來看看，人們認為自己在工作中如何不受賞識。最常見的形式分為三類。首先是報酬；所獲得的薪酬或經濟福利不足，與明星的身分不相符。其次是機會；你並沒有踏上升遷之路，沒有獲得適合的培訓機會，或者沒有機會參加會議中的人脈交際與公司重要會議。

第三是社會地位；你受到的尊重與欽佩的程度過低，與明星的身分不符。大家在該聽取你的意見時沒有這麼做；你對決策的影響力不夠，或者公司沒有安排你進入能幫助升遷的重要委員會。我在前兩章中將這些職位稱為「可見」角色。

我為一百位感到自己不受賞識的人，提供了一份列有十五個面向的清單，是他們認為自己在工作中遭到低估的方面（你會認得其中幾項，出自「屈居第二」這章的「變化清單」）。受訪者會按照這個提示：「有鑑於我具備的技能，我應該獲得更多的……」來回應各個選項，可以按照想法勾選多個選項。以下是清單內容，可以從中勾選出適合的選項。

期望的待遇清單

1. 承接多少責任
2. 領導機會
3. 培訓機會
4. 升遷機會
5. 我管理的員工人數
6. 領導責任
7. 工作時間的彈性
8. 可以決定旅行次數
9. 來自同事的尊重
10. 來自上司的尊重
11. 工作與生活的平衡
12. 可以安排自己的時間

13. 可以安排自己的工作時間
14. 可以決定工作地點
15. 對決策的影響力

接下來的步驟最困難。請將清單上的面向按照重要程度，從高到低排列。在「漸行漸遠」一章中，我幫助你建立了工作偏好清單，包含必備條件、理想條件，以及你願意妥協的條件。在這裡加以運用，並誠實面對哪些是無法接受的條件，以及哪些是可以靈活運用的條件。可能無法滿足清單上的所有需求，但排列先後順序可以幫助你進入第四階段，特別是你了解自己在市場上的價值，也明白公司能提供什麼時更是如此。

在我的研究中，最常見的五個面向是薪酬（百分之九十一的人希望可以調高薪水）、升遷機會（百分之六十五）、領導機會（百分之三十五）、來自上司的尊重（百分之三十六），而來自同事的尊重（百分之三十一）與對決策的影響力（百分之三十一）並列第五。

除了薪資之外，受訪者還希望在工作中獲得更高地位。希望得到尊重（來自上司和同事），也希望擁有影響力。

在「被低估的明星」這個標籤讓你感到自在，也清楚自己想要的是什麼時，就可以進入第一階段：你為什麼會在這裡。

第一階段：為什麼我在這裡不快樂？

在為本章進行的訪談中，我深入探討了「為什麼」，然後發現幾乎每個人的原因都大不相同。有人覺得由於遠距工作的緣故，所以上司看不見她所做的大部分工作；另一人則覺得很沮喪，因為雖然她的上司希望幫她加薪，但公司卻有政策規定，除非對手公司挖角，否則無法調整薪水。這些原因各有不同之處，但可以分為兩個面向：工作中是否有人認可你的獨特技能；以及，不受賞識的程度發生在哪些層面。

讓我們先從第一個面向開始談起。

我的職場是否認可我的技能？

想想看，工作中有多少人認可你具備一系列獨特技能。如果你的狀況和研究受訪者相似，那麼可能會回答：「沒有人給我應有的認可。」在樣本中，有約百分之五十四的技能得到了同事認可，百分之五十五的技能獲得上司認可。然而，卻約有百分之二十六的技能完全沒有得到認可。這代表有許多技能遭到忽視了。

在過程中請詢問自己兩個問題：我的工作是否主要是在幕後進行？還是其他人看得到我的工作內容？如果看得到，誰能看到？是其他團隊成員，還是公司高層？在受訪者回報的五項技能中，約有百分之六十二的技能是在同事前執行，百分之五十二在上司面前執行。卻有四分之一的技能沒有任何人見證。現今職場上有許多獨立工作正在運作當中（而遠距工作更是加劇了這個問題）。

大多數人在工作時，都會出現聚光燈效應，也就是覺得周遭人會注意到我們的工作成果，也認為上司即使不在場，也會知道我們表現多麼出色。但事實上，大部分的人都不會注意，而你也可以藉由詢問自己這兩個問題來打破這個效應：誰見證了我的工作成果？誰認可了？

技能遭到忽視和未受認可有很多原因。在「身分危機」一章中，我介紹了提摩西，他就像「被低估的明星」這類型一樣，具備一系列獨特技能。他能找出其他人無法發現的綜合解決方案，但沒有人認可他的技能，因為大多數人並未在場見證，工作中也沒有用來記錄工作品質的機制（他的工作使用了開單系統，因此只有請求已回應／未回應兩種狀態）。而他上司工作時總是速戰速決，所以兩人很少有時間開會來提供回饋。這種組合會帶來嚴重影響，沒人見證並認可提摩西的工作成果，導致他變成不受賞識的典型案例。

想要釐清這個問題，你可以在二六一頁提到衡量技能影響力的三個問題後面，為每項技能新增下列這兩個問題：

4. 誰認可你具備這項技能？
□同事　□上司　□沒有人　□其他

5. 你在誰面前展現這項技能？
□同事　□上司　□沒有人　□其他

同事對你技能的認可，對於團隊地位十分重要。但若上司或其他主管也認可，則對於升遷與加薪十分有幫助，也能以大多數明星在乎的方式獲得賞識。如果你未曾在任何人面前展現過技能，想獲得認可會十分艱難。這並非決定性因素，許多獨立貢獻的員工都屬於此類別，但需要有系統來記錄其貢獻。舉例來說，和開單客戶一對一會議時，提摩西的工作表現經常超出預期，詢問對方是否需要開單要求以外的協助。客戶很感激他的貢獻，但卻沒有機制能向提摩西的上司稱讚他的表現。他的辛勤付出獲得了認可，但對象卻不是握有決定權的人。

不受賞識發生在哪個層面？

接下來，想一想不受賞識發生在什麼層面。我會分成四個類別檢視，從最高階層（涵蓋最多人）到最低階層依序排列：市場、你的公司、你的職位，以及你在工作中的人際關係。讓我們逐一說明。

市場

最高層面是市場。想像一下，不論在哪裡工作，你的技能組合都不如想像中有價值，或不如以往有價值。所有具備這類技能的人都難以找到理想工作。如今，有很多人在市場層面都感覺懷才不遇。舉例來說，人工智慧的出現，已經在市場層面引發了大規模的問題。IBM 的 CEO 曾宣佈，未來人工智慧會取代百分之三十的後勤職位（即不需要人際互動的職位）。這些職位上的員工不會立即遭到解雇，但流失的員工不會再藉由招募新人來補上。其他公司也跟隨這項趨勢。

如果市場對你技能的需求發生了變化，導致這些技能不再是優先考量的對象，那麼讓你感覺懷才不遇的可能不是你的公司（或上司）。大約百分之四十四的受訪者回報：「市場在過去更重視我的技能。」有百分之四十八的人則表示：「在我所處行業中，與我具備相同技能的人以往賺得比現在多得多。」

不少人都能感受到，自己在市場層面的價值正在下滑。

你的公司

接下來是你工作的公司。市場可能很重視你的技能，但你的公司對於薪資、升遷或其他福利的評估所使用的規則，與你的明星地位完全無關。研究中，有百分之三十三的受訪者同意：「我公司有關加薪的政策適用於所有員工，不論職位為何。」在「屈居第二」一章介紹的蘇布就遇到了這個問題。他需要符合多重條件，公司才會考慮幫他加薪：包含擁有一位掌握權力的上司（這也是百分之四十七受訪者面臨的情況），以及在公司待滿最低年限（樣本中百分之六十四的人也面臨此情況）。這些政策適用於所有員工，雖然蘇布是明星，但也不例外。

另一個例子是，有些公司規定，除非對手公司挖角才有加薪機會（這也是我所在的公司和百分之二十四受訪者面臨的狀況）。你是明星沒錯，但如果沒有人試圖挖角你，那麼你獲得的薪酬就會和績效不佳的員工相同。甚至，即使有些公司想為員工加薪，也沒有足夠資源來負擔（有百分之二十四的受訪者提到這一點）。沒有人能加薪，因為公司負擔不起。

你的職位

接下來是你擔任的職位。成為「被低估的明星」有一個更慘的原因：在工作中擔任的職位過於寶貴。他們的工作表現太出色了，導致上司不敢把他們調離這個職位。我在「屈居第二」一章介紹的明星銷售員佐伊就屬於這種寶貴角色。她於所在地區具備豐富的人脈網路，並且有許多回頭客，這讓她的業績十分亮眼。上司不願讓她升遷到更高的職位，不僅是因為她沒有全美國的「廣大」人脈，也因為她是唯一一位擁有大量回頭客的銷售員，失去她的回頭客會讓公司收入受損。在我的研究中，百分之二十二的人之所以無法升遷，原因就是「沒有人能接手我目前的職位」，有百分之二十三的受訪者則表示：「把我換掉要付出的成本太高」。大約四分之一的受訪者在工作中掌握寶貴角色。

你的人際關係

最後，懷才不遇也可能會發生在人際層面。想像一下，就像克莉絲汀一樣，你的上司仰賴你處理和團隊之間的溝通。你就像辦公室的膠水，如果沒有你，整個團隊就會崩塌。你的上司察覺到你十分重要，他們可能每天都會跑到你的辦公室，請你幫忙處理各種事情，但卻不放你離開這個好幫手的位置。或者想像一下，你遇到的問題截然相反：你的上司認可你的技能，但卻把你當成競爭對手，害怕你某天會超越他們，所以在公開場合打壓你，或者在其他上司面前貶低你的表現，藉此讓你待在原位。

由於人際原因而無法升遷的情況，在我的研究中十分常見。大約百分之三十九的人認為自己沒有升遷機會，是因為他們「撐起了整個團隊」，有百分之四十四的受訪者則表示，他們「擔起了團隊的工作」，有百分之三十八的人認為他們的經理「依賴我來解決團隊內發生的衝突」，另外有百分之二十九的人表示：「我負責調解經理和團隊間的衝突」。最後，有百分之三十二的人表示：「我的經理仰賴我替他們處理工作」。在研究中，大約三分之一的人認為自己正為經理處理工作，這也是為什麼他們遲遲無法晉升的原因。

總而言之，大約有三分之一至一半的人能夠指出，阻礙他們職業發展的具體職場人際關係動態。

現在我已大致了解不受賞識的層面，接下來該怎麼做？

在我的研究中，受訪者可以勾選多個原因，解釋為何自己在工作中不受賞識。壞消息是，他們勾了很多原因，你可能也會如此，而且這些原因可能與所有四個層面相關。但好消息是，如果你在面試階段問對了問題，幾乎可以發現所有你現在不受賞識的原因。在承接一份工作之前，你可以先了解公司是否有升遷規則。你還可以藉由與現職員工的連結，了解有哪些職位和人際層面的障礙，會阻礙你在所重視的層面獲得認可。在第二和第三階段問對問題，就能幫助你辨認出再次面臨此困境的可能。

第二階段：我理想中的未來職業是什麼樣子？

第一階段中，你已經開始收集資料，了解誰在工作中認可（或並未認可）你的技能，也開始理解你不受賞識的面向。你也排序了在工作中希望獲得的認可面向，這個答案會做為你未來求職過程的引導。

了解這些事情需要時間和精力，無法一夜之間完成。如果還沒有明確答案也別擔心。在完全找到答案之前，你仍然可以進入第二階段，思考理想的未來職涯是什麼樣子的。如果第一階段的練習讓你對自身職業方向出現懷疑，我強烈建議你閱讀「身分危機」一章。你需要在深入探索第二階段之前，先了解自己想去的方向。

此階段的主軸會圍繞在你需要問自己的三個大問題。

與競爭對手相比，你是顆明星嗎？

前幾天我和潔米聊過，她是法律界被低估的明星。和許多身居相同職位的人一樣，她對事務所的薪資結構相當不滿，因此開始尋找新工作。她告訴我：「我承接的案件最多，工作時間也比同事都多。客戶也更喜歡和我，而不是和其他見習律師見面。」潔米認為，憑著這些「比周遭同事更出色」的證據，她應該很容易在更大、薪資結構更好的事務所找到工作。然而，事情沒有這麼順利。

和許多人一樣，潔米陷入了一種常發生的偏見：她只與自己的團隊成員和事務所的同事比較，卻忽略了也要和其他公司的競爭對手比較。正如我在「屈居第二」一章中所討論的，真正的競爭對手來自未知的人才庫。對於招募人員來說，在選擇求職者時，出身背景相當重要。

對於「被低估的明星」這類型的人而言，所有人都具備天賦和技能，但出身背景通常指的是你所在的公司，其聲譽、已建立的時間長短、規模大小，以及當初進入這間公司的難易程度。這些因素有時甚至比技能和成就更重要。以兩位成就幾乎相同的求職者為例，潔米在一家小型事務所任職，而另一位虛構的競爭者奈雅也在一家大公司表現出色。即使奈雅並不是團隊的第一名，卻仍很有可能獲得工作機會。她可能是大公司表現前百分之二十的優秀員工，而潔米則在她公司內排名前百分之五。對於許多公司而言，小池塘中的大魚，往往不如中池塘中的中型魚更具吸引力。為什麼？

人們普遍認為，歷史悠久、聲譽卓越又難以進入的知名公司，離職員工的素質往往比聲譽不佳的公司來得高。像奈雅這類型在獲得工作時，面臨的競爭更為激烈；而像潔米這樣的求職者則相對輕鬆。這種觀念固然是刻板印象，但其中也有一些真實性；聲譽更好的公司能吸引更多求職者，也會吸引素質更出色的人前來。

因此，對於「被低估的明星」來說，務必要了解其他明星來自哪些公司、該公司的聲譽如何，以及相較於業績或其他我們認為能公平競爭的衡量標準相比，聲譽是否更重要。在第二階段中，目標是找出社會上的真正對手是誰。聯絡某間你感興趣的公司，並詢問：「請問最近四位新雇用的員工是來自哪些公司？」如此一來，你很快就能掌握潛在未來雇主的聲譽資訊。他們是否只向少數幾家公司招募員工，因為他們對求職者的素質更具信心？或者也許雇主並不看重前公司，而是在乎受訓背景？對於律師事務所而言，法學院的背景在第一份工作中十分重要，而廚師或髮型師需要具備學徒背景也是一樣概念。

若想建立人脈，可以從與你職位相同，但對於你在乎的面向上表現更好的員工開始。大多數發展成熟的職場人士都擁有這種人脈，如果你沒有，可以參考「身分危機」和「漸行漸遠」兩章中的社交技巧，同樣適合你參考。

你的確很出色，但對大多數公司而言，是否「夠好」就可以了？

與人脈交流時，試探一下，想進入的公司或行業是否如你所想，十分重視出色表現。

工作中，出色技能帶來的回報可能會逐漸遞減。在某個時間點，你的技能已經「足夠好」，而公司沒有採用資金獎勵措施去聘請真正的出色人才。從「好」到「優秀」的成本很高，但大多數情況下，素質差異對財務結果並不會有所影響。

我幫助剛畢業的博士生尋找非學術界的工作時，常常遇到這個問題。我的學生都是頂尖的統計學家，但大多數工作（即使是需要資料分析能力的工作也如此）只需要碩士水準的訓練即可。少有分析工程師的職位需要更高技能才能勝任，而那些確實需要卓越技能的工作（薪水很高），通常會由電腦工程學的碩士生包辦，而非心理學出身的畢業生。我不得不提醒學生，他們的實際競爭對手是具有碩士學歷、會做簡單統計的人，而不是能力更強的電腦工程博士。

專業學歷並不是最關鍵的面向，技能組合才是關鍵。這是比較現實的觀點，但很少有公司會像品酒師品味少見年份的葡萄酒一般，在招募頂尖人才時去注意微小差異。在約會時也是這樣：也許我們真的想和身高超過一百八十三公分的對象約會，但如果在可以選擇的對象中，有百分之二十的身高都是一百八十公分，僅有百分之一的人達到原先標準，我們也會妥協。

想了解多數公司是否只需要「夠好」的人選，最佳方式就是按照上一個問題的指示行事：觀察公司最近的徵才模式。如果認識你理想職位的招募人員，問他們：「你認為比我略遜一籌的人選是否適合這個職位？為什麼公司會想要選擇我這種人才呢？」請你的人脈說明為何公司會選擇提升標準。藉由公司網站或 LinkedIn 頁面，了解最近幾位新聘用人員的工作經驗，是個很好的開始。在面試時（即第三階段），我鼓勵你多向面試官詢問此問題。最好的行為預測是以過往行為當作基礎，因此如果某個公司準備為你打破「只要夠好」的傳統，那麼他們應該能解釋原因。

但如果你發現整個行業都已經轉變為「夠好就可以」的模式，那麼是時候重新思考你仰賴明星技能的策略是否可行了。想想看你如何藉由技能組合，而不僅使用單一技能，讓自己脫穎而出。比如我的「大魚小池塘」律師潔米，在與特定類型的客戶互動時表現亮眼，她的能力在於能獲得客戶信任，並能與那些難伺候、讓人頭疼的客戶合作。通常就是這種與眾不同的技能組合，讓求職者贏得工作機會。而唯有藉由人脈網路，我們才能了解自己的技能組合有多特別，以及公司在意的是哪種「特別」。

接受一份可能超乎你預期的工作時，你能負荷多大的壓力？

大多數的「被低估的明星」對於承擔風險十分熟悉；他們在職涯中早已冒了很多險，才能走到今天。但在到達頂峰後，可能會覺得自己已非常清楚想要從工作中獲得什麼，而不願意接受充滿未知數的工作。你現在想要的，就是展示技能，表現出色，並獲得相應的報酬。

我很明白這一點。身為討厭不確定性的人，我非常能理解這種心態。但我逐漸意識到，即使已經擁有了自己認為所需技能的人，仍須在工作中承擔風險。即使想要在熟悉的領域中度過剩下的職涯，也無法避免風險出現。我與約翰·邁爾斯（John Miles）聊過，他擁有多重職業，並將自己能不斷成功的功勞歸功於一件事：在職涯的各個階段都具備承擔風險的能力。

約翰是美國海軍學院的畢業生，在許多領域取得了非凡成就，讓我在交談過程中簡直眼花撩亂。他曾是出色的海軍軍官，且工作經驗豐富，曾任《財富》五十強公司中的C級資深主管。他同時還是《激發熱情》（*Passion Struck*）一書的作者，並主持了全美排行第一的同名Podcast，內容與替代醫學有關，同時還是充滿進步精神的系統企業家。這裡僅列出了他豐富經驗的一小部分。

毫無疑問，約翰的聲望非凡。但交談時我很明顯感覺到，他從未接受過「明星地位在新工作中起了很大作用」這樣的說法。

我問約翰，認為最有才華的人在工作時受到最大的阻礙為何。他立刻提到了對承擔風險的恐懼。他告訴我：「有個大問題是，大家會因為害怕而放棄改變人生的機會。我曾經試著提供絕佳機會。但大多時候，人們會因為這個機會超出了舒適圈而拒絕接受。」

你在某個領域非常出色時，學習新事物，且有可能面臨失敗，感覺起來比剛起步時風險更大。你擔心自己的失敗會受到他人更多關注，擔心更多人會因為你所擔任的領導職位而受到影響，甚至可能會失敗。你可能覺得，身為一顆明星，不該還要在工作中面對陡峭的學習曲線。你或許已經習慣了在所做的每件事上都表現出色，這個感覺毫無疑問令人著迷。但承擔一點風險並不是壞事。

此時，你應該收集資料，了解新工作是否會帶來一些預期外的風險，並仔細思考自己的容忍度有多少。對某些人而言，存在的風險可能是接受零經驗的全新領導職位。我最近面試了一份工作，對方明確表示，我之後會負責指導所有助理教授（因為與我同級的教授很少，這也是他們對我感興趣的原因之一）。雖然我從未做過他們要我做的具體工作，但我在與這份工相似的職位上擁有足夠經驗，因此我覺得自己可以承受這種風險。但對某些人來說，公司要求他們做的工作完全超出了他們的能力範圍。

若想評估潛在風險，可以詢問人脈網路：「在這份工作中，你遇到的哪些事情出乎你意料之外？」就像我在做「沒人告訴我這一點」的練習一樣，請把問題設定在「你遇到了哪些風險？」這樣的範圍之外。不是所有人都會把工作中發生的意外視為風險，這需要你自己判斷。

第三階段：開始查證事實，確認這個職業是否適合你

「被低估的明星」需要保證的，就是如果離開目前職位，所估算的風險能夠得

到回報。他們不想再重蹈覆轍，承接充滿潛力但最終仍無法成為現實的職位，讓自己再次懷才不遇。在第三階段，我建議你保持開放心態，但同時也是謹慎為上，提出與風險相關的策略問題，幫助你預測過程中可能遇到的困難。

面試

在面試中提出關於「未受賞識」的問題

你已經在第一階段做了許多工作，藉此得知未受賞識的程度，從市場上，到與同事和上司的關係都已充分了解。在第二階段，你找到了社會上的相關比較對象，藉此更深入了解可能會獲得的職位。如今，帶著這些資訊，你可以在面試中提出可能會不受賞識的相關問題。

我與招募人員凡妮莎．伯格朗（Vannessa Bogran）聊過，她曾幫助不同領域的人找到工作，領域包括製造業、技術、銷售和行銷等等。在我們聊到該如何詢問「如果我承接這份工作，該如何保證自己在這裡不會懷才不遇？」這種具有衝擊性（也可能讓人尷尬）的問題時，她建議盡量直接。

我問凡妮莎，在知道正在招募的職位有問題時，會如何處理。例如：老闆拖累員工，或上司缺乏支持。這些對「被低估的明星」這類型來說往往是警訊。她告訴我，有個最近她在徵才的職位恰好符合此情況。該職位的上司常常壓榨員工（員工甚至需要得到許可才能去洗手間），導致員工大量流失。尤其是人才，很少能夠長期留任。她與求職者的通話過程有錄音，因此如果求職者沒有主動提問，她就無法提供明顯不利於該公司的資訊。

凡妮莎告訴我，如果你能問出明確的問題，就能得到誠實回答（招募人員很在乎自身聲譽，因此不會直接說謊）。因此就代表「被低估的明星」這類型需要問出以下問題：為什麼這個職位需要徵才？之前的幾次徵才過程發生了什麼事？公司是否有規定誰符合升遷的資格？這位上司的團隊中，最近升遷的有多少員工？

為了協助你列出問題清單，這裡根據第一階段中提及導致不受賞識的原因，提供你一些面試時可提出的問題：

1. 是否無論所處什麼職位，公司對每位員工都有統一的加薪政策？

2. 員工是否需要在工作一段時間後才有資格加薪？
3. 員工是否需要被競爭對手公司挖角，才能加薪？
4. 若要獲得升遷或加薪機會，你的上司掌握的權力對你有多大影響？（面試官應該要能回答你的直屬上司在升遷過程中扮演的角色）
5. 公司是否有預算，可以定期讓員工升遷？
6. 在我有資格升遷時，公司是否有系統來保證我的角色有人接手？
7. 是否有人因為在團隊中扮演的角色太過關鍵，而無法升遷？
8. 是否有人因為扮演團隊中平衡衝突的角色，而無法升遷？

對於你而言，這份工作的風險是否能夠承擔？

在面試過程中，你還需要詢問一些問題，幫助你了解身為明星，將要承擔的風險是否能夠負荷。人們往往帶有偏見，認為因為自己在某方面是明星，那麼即使這兩個方面只有些許關聯，仍可以輕鬆在另一個方面成為明星。我很常從招募人員口中聽到這句話：「技能是可以學習的。」身為「被低估的明星」，你不需要說服別人自己無法學習新東西。你要做的是測試對方，對你掌握新技能的速度所抱持的期望是否實際，且是否會提供你需要的支持，以及須學習的新技能是否與已經擁有的技能有所重疊（技能重疊是我在「分身乏術」一章中所討論的話題，技能間最好可互換）。

明星常常是公司的最後救命稻草；公司找他們來挽回局勢，但通常公司已在走下坡路。如果前三個人在這個職位上都失敗了，或者這個職位定義不明，且公司的說詞聽起來就像「我們邊飛邊打造飛機」這種感覺，那麼你很可能就是那根救命稻草。蘇布就曾經接受過這樣的職位。公司承諾會提供一個支持他的團隊，但幾個月後仍未兌現。他是一顆明星，但缺乏維持他明星身分的結構支持。

明星會失敗的最大原因之一，正是因為沒有獲得所需的支持結構，即高薪工作團隊、財務資源和高階主管的支持。所以你的問題要具體化：這個角色有多少預算？我的團隊中有多少人已錄取並接受了培訓？還是公司準備先僱用我，然後再慢慢建立其他資源？有時最明智的選擇就是展現自制力。若支撐系統不足，我就不會接受這種職位。

你開始新工作時，是否會遇到新手障礙？

許多「被低估的明星」都在追尋更高的職場地位。如上所述，「被低估的明星」的理想清單前五名，就有三個和地位有關（來自上司的尊重、同事的尊重，以及對決策的影響力）。體面新工作的主要賣點之一就是這個：來到這裡，你會獲得應有的尊重和決策權力。

但我的研究發現，地位的移動比想像的要複雜得多。開始新工作時，可能會遇到意料之外的新手障礙，也就是新同事不在乎你在過去的工作中有多麼風光；你必須從頭開始贏得對方的尊重。可能面臨的困難之一，就是該如何讓人們接納你的意見，即使身處擁有專業知識的領域也是如此。

為了闡明這個基本的問題，我和同事瓦娜．杜米德魯（Oana Dumitru）進行了一系列測試，想了解新進員工在形塑團隊決策過程中有多少影響力。在這些新手中，有些人在進入團隊前就有地位，有些沒有。結果發現，無論進入團隊前的地位多高，新進人員的話語權都不如團隊中原本的兩位員工。即使新手提出的觀點很重要，發言也很快就會遭到駁回。到了研究的尾聲，不管新手的地位或對團隊的貢獻如何，大家都認為他們不如團隊中原有的兩位成員有能力。無論新手付出了什麼，「無能」的標籤都會緊緊尾隨。

在公司組織中，新手面臨的挑戰會更多：他們不了解內部規範，可能還會遇到全新術語。我在「身分危機」一章中提到的所有狀況，都可能會讓你難以融入全新的領域或團隊。

有個好方法可以評估你將面臨的新手障礙，就是與其他新手交談，特別是像你一樣在進入公司前具有地位的新手，更是很好的交談對象。進入面試的後期階段時，你可以要求與這些新手聯絡。他們不必與你職位相同，也不須和你在同個部門工作，但他們在初來乍到時，也需要是地位崇高的外來人物。他們面臨了哪些別人不曾告知的隱形障礙？他們是否必須與崇高外來人物的刻板印象抗衡？只有公司內部的員工，才能幫助你了解面臨的新手障礙可能是什麼。

如何保證你在新公司中依然是一顆明星？

新進員工遇到的最大問題之一，就是轉移知識的過程，而這對於身為明星的新進員工尤為重要。這些人具備大量隱性知識和技能，但是大部分技能的實務經驗都來自過去的職場。把知識和專業技能從前一份工作帶到新工作，會有多困難（或多容易）呢？如果過去幾年，你應徵的公司雖然招募了很多新員工，但仍以舊有方式運作，那麼該公司很可能存在著知識轉移的問題。問題不在於無法引進新人才，而是不具備讓新人才把知識貢獻給團隊的有效流程。要在新公司中維持你的明星地位，需要一個好用的知識轉移計劃。

在組織心理學中，關於知識轉移的研究非常多，而大部分研究集中於員工如何在公司內部跨世代傳遞知識。例如，千禧世代是「數位原住民」，無時無刻都在使用社群媒體，因此許多轉移知識的過程在線上發生。而嬰兒潮世代則喜歡運用三小時的午餐聚會，或在茶水間閒聊來傳遞知識。如果要求他們查看公司的 Slack 頻道，他們可能只會想翻你白眼。

如果想預測不同公司的知識轉移能力，其中一個重要因素是公司的吸收能力。簡而言之，吸收能力是指公司能夠辨識新資訊的價值（例如你身為新進明星員工所帶來的專業知識），吸收該資訊，並將該資訊為己所用。這個概念很抽象，但可以用一個具體例子來說明。

現在假設你是研究黏菌的生物學家，身為新進員工，你帶著最新的發現成果一起入職。你發現的不僅是新黏菌，還有發現黏菌的新方法，也就是發明了新型黏菌檢測工具。想像一下，你在一場大型公司的會議上分享了你的新發現，會議後，公司是否會把你的發現與公司的其他部門分享？是否會使用你發明的新工具來改變目前研究黏菌的方式，甚至會改變他們尋找新黏菌類型的地點？還是他們只會說：「感謝你的精彩演講。」然後繼續使用以往的傳統方式尋找黏菌？

許多「被低估的明星」類型的人，都對於「發現黏菌，卻在會議上遭無視」這個比喻式的概念感到十分震驚。儘管他們為公司帶來相當大的好處，但公司從未充分利用或認可他所具備的知識和專業技能。期待受到公司甚至團隊的認真對待，並做出真正的改變，往往都徒勞無功。許多人在人際關係中，也都體驗過相似的狀況。每次我去看我媽媽的時候，都試著說服她在網路上訂購生活用品，這樣她的生活可以更輕鬆。但她就是不願意，寧可開一小時的車去買生菜。如果她是一間公司，而我是新入職的「被低估的明星」，我可能會感到極度挫敗。

知識轉移是社會化的過程，而面試你的公司應有明確計劃來執行此過程。你可以提問的問題包含：「有什麼計劃可以保證我在X方面的知識，或在Y方面的專業技能，在貴公司能有傳遞機會？」以及「我是否有機會受邀參加策略規劃會議，幫助貴公司找到實施計劃的最佳方式？」（並主動提出自己願意主持這些會議）。在我的職場中，知識轉移的形式就是工作坊，員工會在這裡分享自己的最新發現。我們有明確的知識轉移目標，從我們舉辦的跨團隊會議數目就能看出端倪，藉由這些會議，來自不同領域的員工有機會能聚在一起學習新知識。

第四階段：找到你熱愛的工作

「被低估的明星」和其他類型不同，不會經歷相同的求職過程。尤其是已經到達職涯頂峰的人更是如此。他們通常會直接受僱、受邀申請某職位，或在職位尚未公開徵才前就已獲知資訊。過去五年內，我受僱的每份工作都是提前受邀申請的。話雖如此，進入面試階段後，我卻也不是勝券在握。其他一同參與面試的專家中，有很多人具備比我更大的優勢。在與招募人員和經理面試的過程中，我了解到，高階人才最常犯的錯誤就是認為這個階段的面試只有單方面：是明星在面試對方，而非對方在面試明星。請將這次面試看做第一次約會慎重對待。是的，你是專家沒錯，但雙方都需要保證彼此適合一起共事。

思考如何獲得薪資以外的報酬

在我的研究中，有大約一半「被低估的明星」類型的人認為，很難找到一份能支付期望薪資的工作。然而，超過百分之九十的人仍希望獲得更高報酬。在某階段，可能需要運用創意來考慮其他形式的報酬。面試時帶著關於財務底線的不切實際想法，無法幫助你獲得工作。

因此，請帶著規劃完善的期望待遇清單前往面試。請記得要保持創意，因為公司樂於看到求職者提出創新的薪酬結構，而這樣的結構同時也能表達對公司的承諾。舉例來說，你可以提出一個包含升遷和培訓機會的薪酬結構，並在明確的時間表上訂定具體步驟，藉此保證公司對你的職位提供足夠支持。

你可以考慮要求額外的福利，比如：「在開始工作時，我希望團隊中至少有三名全職專家，已經接受培訓並已僱用。此外，我也希望貴公司每年也能為專家提供三場付費工作坊，藉此提升某個領域的技能。」談到薪酬要求時，請記住，金錢可以很彈性。公司可能不願意給你更高的基本薪資，但可能會用其他福利來間接補償你。一個我認識的朋友，跟公司爭取到了為期一年的全職托兒服務，還有人談到了數月的清潔服務。該公司與清潔公司有簽署合約，因此為員工提供為期一年的清潔服務成本，比員工自己訂購的費用要低得多。

請不要同意延遲支付薪資的要求。舉例來說，同意公司從天使投資人那裡獲得一百萬美元的資金補助後，才會為你加薪。今天的工作到未來才收到薪水，不應是薪酬的一部分。但如果你和公司約定，三年後若你仍在該公司工作，則可以獲得一筆豐厚獎金，這是個十分可行的提議。

學習運用一般方式描述技能，讓公司能夠進行比較

在本章和第一章「身分危機」中，你已經完成了「三件事練習」，學會如何運用與結果緊密相關的方式來描述所擁有的技能。「被低估的明星」常常只在乎與自身相關的結果，這可能會讓公司難以理解你在上一份工作中的表現，如何能為新工作帶來績效。

向他人說明技能時（或在履歷上列出這些技能時），應該以所有人都能理解的方式來說明成果。如果你在一間小公司工作，想要升遷到更大的公司，這點更加重要。舉例來說，如果你提到「我協助公司收入增長百分之三十」，那就應該說明這百分之三十是基於什麼數字得出的（如「收入從十萬美元增長到十三萬美元」）。你越能清楚說明準備替公司帶來哪些整體成果，效果會越好。

如果沒有這麼做，通常會導致公司對你的成果不太有印象。公司更喜歡確定某項績效指標對於特定公司有何意義。如果這個指標並不廣為人知（例如你不是為《財富》五百強的公司工作，這些公司設定了行業標準），那麼公司通常會認為，

你並不是他們心目中的明星。

我常常看到這種情況發生，在研究生申請的過程中尤其容易出現。以往大家都要參加標準化考試（如GRE或MCAT），但現在很多人不再應考。錄取委員會更傾向錄取名校高材生，因為他們認為自己知道如果考生應考，應該會取得什麼樣的成績。假設你是哈佛大學物理系畢業，成績全A，那麼你的數學成績應該也會很高。但如果你來自一所知名度較低的學校，成績卻同樣也全A呢？錄取委員會就無法得知你的數學成績大概會如何。因此，請清楚描述你的成就，讓公司能夠直接比較，會減少遇到這種偏見的機會。

了解公司的致命弱點，並加以運用

約翰．邁爾斯（John Miles）會費盡心思來說服某間公司，他們有致命的弱點，而他正是能夠修補弱點的完美人選。

他說道：「我曾為摩根大通提供諮詢服務。當時承接了一份看似難以完成的挑戰：測試他們所謂無堅不摧的資料中心是否安全。這個聲明十分大膽，而我帶領著一支由前特種部隊人員所組成的團隊，決心展開測試。我們全面偵查了整個場域，終於找出了一個微小漏洞，也就是他們發電機燃料箱的入口點。很多人會忽視這條小徑，但我們注意到了。」

「我們精心策劃，運用這些燃料箱的入口點潛近資料中心。爬過這條未受任何防護的小路，我們的行動準確又謹慎，最終穿越防禦層，來到了對方認為我們無法抵達的地方，即數據中心內部，站在對方覺得外人不可能觸碰到的地板上。」

你不需要具備約翰的隱藏技能來找出一間公司的弱點。但是，提前進行調查，並思考這些需求如何解決，可能會讓你走得更遠。我曾經在一場面試中，提前得知該公司的初階教職員工，在撰寫科研計劃書方面遇到困難，也缺乏有經驗的教授來提供指導。這點是某個人脈告訴我的。因此，我在面試過程中，讓對方瀏覽我關於指導科研計劃書撰寫的計劃，這展現出我對職場需求的敏感度，而這是很多資深人士沒有表現出來的。

在某些情況下，公司需要的並不僅僅是明星技能，而是一些少見的技能組合。

或許有很多人擁有像你一樣的出色技能，但卻不具備良好的指導能力。即使在你的技能組合中，其中的技能不足以讓你成為明星，但卻能大幅提升獲得工作的機會。

／每個階段的重點／

第一階段：

- 你判斷自己是明星之前，請問自己三個問題來評估是否屬實：你是否擁有與職場相關的技能？這項技能是否稀有？你是否比他人更擅長這項技能？
- 請藉由分析你的主要技能是否符合標準，來衡量自己的明星地位，這個過程可以借鑒「身分危機」一章中的「三件事練習」。
- 為了了解你為什麼不快樂，請思考兩個問題：我的職場是否認可我的技能？不受賞識的狀況在什麼層級出現？（這可能包括市場、公司、職位，和你的人際關係。）

第二階段：

- 了解你的競爭對手是誰。
- 確認公司是否希望招募明星人才，還是接受表現普通的求職者。

- 評估你願意承擔多大的風險，來換取與目前工作不同的職位，並在公司承諾美好前景時，評估新職位的風險。

第三階段：

- 在面試中提出第二階段形成的報酬相關問題。
- 了解新工作的不確定性是否超出你目前職業所能承受的範圍。

第四階段：

- 運用創意思考希望獲得報酬的方式，其中包括薪資以外的形式。
- 學會以一般方式描述技能，讓公司能夠針對你的競爭對手做出適當比較。
- 了解公司有何致命弱點，並加以利用。許多公司其實需要你這樣的人才，但自己並未察覺。你可以運用自己獨特的技能組合來說服對方。

結語 最後的一些思考

想了解自己為何在工作中不快樂，是十分複雜的任務。我認為與為何在結縭十年後卻和配偶漸行漸遠，或為何與成年子女難以建立穩定、信任的關係一樣複雜。所有的關係，包括你與職業之間的關係，出現問題的方式可能都五花八門。

身為關係科學家，我早已明白，能夠修復破裂受損關係的唯一方法就是各退一步，仔細回顧你是如何走到這一步的。暫時擺脫一味前進的思維模式，花些時間整理你的心理狀態。一段關係會崩潰，很少是由於單一個體的行為，我們皆以某種方式造成影響，即使很難看出這一點。

在撰寫本書的過程中，我注意到我對讀者提出很多要求。我請你仔細思考所有相關因素，從整個行業到所任職的公司，甚至你自己，你在其中扮演了什麼角色。我請你重新思考整個職涯策略，從你應該要建立人脈的對象，到工作資源中應該包含什麼，再談到面試時應該提出哪些問題。除此之外，我們也深入挖掘，幫助你了解自己的心理起點。人們花費多年時間思考我在各章第一階段提出的問題，想找到「我為何在這裡不快樂？」的答案。

對許多人而言，如果想回答這個問題，代表必須往前邁出兩步，再退一步。舉例來說，你可能會發現，在第二階段中間，藉由與他人的交談過程，你意識到了自己正以不自知的方式發生了變化。事實上我認為，形成新的社交連結，會讓你看見一些僅依賴我提供的自我評估工具無法發現的自我。我們常常靠著社交關係來處理生活中的變化，情感關係也包含在內。這就是為什麼我們會花費數小時，與親密夥伴談論一段新關係與分手的原因。我們與職業的關聯也是如此。就像任何改變一樣，如果這段旅程比你原先所想的還要曲折，請對自己保持耐心。若想要探索職涯，穩定而緩慢地前進才是獲勝之道。

在你啟程之前，我想再與你分享幾個重點，大多是我在與轉職者面談的過程中學到的寶貴經驗。我花了這麼多篇幅來討論人脈的藝術，就是因為我從中獲得了很多智慧。曾歷經轉職（或幫助他人度過轉職的人）所擁有的智慧是無價之寶。

專心傾聽你的感覺。這些感受在幫助你度過轉職期時，扮演著不可或缺的角色

在「漸行漸遠」一章中，我介紹了翠西，她曾任學校的心理師，後來因為察覺到這個職位不再適合她而轉職為治療師。她每日花費數小時處理文書工作，也管理負責處理個案人員之間的關係，但幫助青少年才是她一直想做的工作。翠西回到學校，獲得了新的碩士學位，目前擔任遠距醫療的治療師一職，這讓她十分愉快。關於翠西的例子，我還沒告訴你的是，她會選擇轉職其實有個特別原因：早在成為學校心理師前，她就已經知道自己想成為治療師了。但出於現實考量，她選擇了學校心理師的工作。這是個跟隨理智而非心之所向的典型案例。

翠西面臨的轉捩點，是她接連好幾個月在會議中，就坐在擁有她理想職業的人對面，過程十分難受。學校心理師與所有參與個案狀況的人員，包括行政人員、律師，以及直接與個案合作的治療師，都會進行例會。對翠西而言，與這些治療師坐在一起的感受，就如同坐在你的單戀對象和他的新伴侶對面，聽著他們暢聊彼此過得多幸福，兩人甚至緊緊相擁。有時候她感覺自己真的會在會議中哭出來。

在最後兩個月裡，翠西感受到的情感非常深刻。她嫉妒著這些人和他們擁有的工作。她很氣自己在二十多歲時選擇了這個職業，現在覺得無法擺脫，甚至也對讓她做出這決定的情況十分不滿。她告訴我：「我發現我現在的工作，政治色彩濃厚，離提供他人幫助非常遙遠。」政治不適合翠西，她還在目前正面臨的情感清單上加了「對自己感到不適」的感受。

翠西面對的不確定性與大多數轉職者不同。她不會因為不知道重新找工作需要什麼而不知所措；她明確知道這過程需要什麼。而且她也不擔心要從零開始建立人脈，因為她擁有這些人際網路。而正是因為曾與治療師相處，加上她在大學時期的心理學背景，讓她明白行業有何規範、術語和潛規則。

身為旁觀者，我能明顯看出最明智的選擇為何。但雖然身邊種種情況就像對她大叫著：「現在就離職！」她的內心卻浮現一種與之對抗的聲音，而這是多數人都相當熟悉的強烈情感——內疚。

我請翠西詳細說明在離職時面臨的障礙時，她一開始並未提到現實問題，縱使這類問題頗多。她首先談到了自身感受。她告訴我：「我覺得非常內疚。那時我有家庭。我在考慮是不是要減少家庭的收入，是否要離開孩子們回到學校上課。」。當她與伴侶坐下來討論該怎麼做時，他們的對話內容幾乎都在討論她的感受。是的，有很多重要的事情需要考慮，例如另一個碩士學位的學費該如何支付。但他們首先需要釐清她的情緒狀態。他們討論到持續的嫉妒心和後悔感對她的心理健康造成的影響，以及如果讓內疚感獲勝究竟是不是好事。

翠西身為從事心理健康工作的人，她很擅長讀懂情感、處理情感，以及把這項能力教給他人。她也知道，對於現實層面的優先考量，常會以我們預料不到的方式影響決定的過程。她選擇學校心理師一職的理由很實際，選擇留下的理由也一樣。如果她決定留在這個領域，就需要能對自己說：「我決定因為財務考量而留在這個職業。但我這麼做，是因為我已經知道自己將簽下契約，終生都會飽受嫉妒和後悔之苦。」她告訴自己，如果無法自在地說出這句話，那就不會放棄轉職的夢想。

在翠西開始轉職，也就是辭去舊工作，回到學校上課後，她面臨了一波新的情緒。她說道：「我們負擔不起線上的碩士課程，所以我每天通勤，單趟就要花費兩個小時。」內疚感依然存在，嫉妒感則由矛盾感取而代之。事情不會一夜之間就從黑暗又令人沮喪轉變為光明又愉快。深陷尖峰時刻車陣中的幾小時，知道自己要在孩子上床後才能到家，真的很艱難。但她再次理解自己的感受並努力消化。「如果我對自己的選擇感到矛盾，我會找人談談。」她說道，「而現在，我已經走到了另外一端，我試著完全敞開心胸，讓他人了解情緒起伏是什麼樣子。」

對於翠西而言，身為與高風險青少年相處的工作者，發展關鍵就在於，能夠誠實說出自身感受，也能對他人誠實地表達這些感受。她告訴我：「如果不經歷這個步驟，沒有人能真正從任何關係中走出來。」

我注意到，成功的轉職者中有個趨勢，與翠西的經驗十分相符。在討論自己的轉職過程時，他們會使用以感受為主的語言。他們不會說：「一開始，我了解到需要獲得哪些證書，然後也查了不同職業的薪資範圍。」而是會說：「我必須先找到自己自尊心低下的根源。為什麼過去讓我感到快樂的工作，現在會讓我覺得自卑？」從教授轉職為 UX 研究員的蘇珊，就是一個典型例子。

開始考慮要變換職業或工作跑道時，請正視自身感受，將情感放在第一位，而不是覺得這老套又毫無關聯。有時我們會認為邏輯與決策並非基於情感，但這其實是在自欺欺人。社會科學家多年來都在研究情感在影響決定時所扮演的角色。情感會發揮影響力，但該如何發揮？又要在何時發揮？這取決於你。我能提供的最好建議，就是遵循翠西的做法：理解情感，談論情感，並將這些情感融入你在做決定時所使用的語言中。在這四個階段裡，你可能會面臨不同的情感，有時甚至會十分強烈。這一切都是過程，而不是出現問題的警訊。

對於離職感到矛盾完全沒關係。在開始探索之前，不必先做好離開的準備

大家對離開工作或職涯，或離開任何一段關係的最大誤解，就是認為某天你醒來之後，就會覺得自己準備好了。就像有盞魔法燈會自動亮起，告訴你這段不確定的過程已經結束了，該繼續下一步了。你可能也會認為，隨著工作經驗的增長與逐漸成熟，你對於選擇的不確定感與矛盾感會自己消失。成功者和掌握權力的人，往

往會表現得比經驗較少的人更有自信。

然而，就像我所了解的，成功者同樣會面臨矛盾感受，他們在職涯中當然也會遇到這個經驗；然而他們已經學會與之共存。像翠西所做的一樣，他們理解這種情感，然後把它當作過程去接納。

其實，「接納不確定性」這個主題，在我與多位經驗豐富的轉職者對話中不斷出現。約翰．邁爾斯在工作上經歷了許多劇烈變化，他就是一個很好的實例。在「被低估的明星」一章中，約翰談到，對不確定性的害怕是阻礙前進的最大障礙。

通常我們處於初級或較缺乏經驗的階段時，會過度解讀內部的「不確定性」信號；我們認為，如果對自己的決定沒有百分百的把握，就不應該去冒險。隨之而來的就是遲遲無法下決定，我們會等待神奇的那一刻到來，直到感覺「準備好了」再行動。以約翰的角度來看，我們不應該過度解讀這些感受，更不應該一味等待神奇的那一刻。事實上，將不確定性當作指標，可以讓你免於冒險。

我設計這本書的目的，是讓你可以依照自己舒適的步伐前進。特別是在初始階段，你**還在工作但考慮離職**時最適用。然而，有時即使只有探索其他職業的簡單想法，對大家來說也會帶來威脅感，導致不敢從第一階段邁向第二階段。如果你在這個階段的過渡中感到矛盾，沒有關係。正如約翰・邁爾斯教我的一般，不要過度解讀這種情感。不要將「準備好了」視為開始轉職的前提，而應看作是在進入這過程時，會逐漸增加的存在。

坦誠對話是職涯中很重要的一部分，即使有時會感到不適也一樣

本書中，我提供了許多建議，和與人交談有關。交談對象包括在你想了解的職位上工作的新人脈、招募人員到招募經理，再到面試官都包含在內。我建議你提出具體問題，可以切中職業或工作本質，最重要的是保持直接。在第三和第四階段中（內容以面試過程為主），你有時可能會覺得我要求你以尋求真相的渴望，來取代希望受到他人喜愛的願望。事實上，我的確要求你打破權力分配，把面試官看做**資訊的提供者**，而不僅僅是評估你能力的人。

如果坦誠不是你的風格，我理解這些建議可能會讓你覺得壓力很大。保持禮貌與委婉的溝通方式，可能影響所有人，特別是在我們想融入群體或留下良好印象時更是如此。但與其他職場的規範不同，此規範往往是源自於無知。大家會做出假設，如果其他人都避開真實交流，那是因為他們不喜歡這樣。但實際上，大多數人其實更喜歡真實交流；他們只是害怕違反這個規範。

翠西是個能快速接受禮貌規範的人，可以理解這種擔憂。她告訴我：「我不喜歡太直接。」她花了一些時間來了解「問出具體問題的方法」，才讓她認同這一做法。但讓她轉變的原因，是面試官對這類問題感到驚訝但愉快。她說：「被問到具體的工作問題對面試官而言，就像一股新鮮的空氣，他們並不會覺得自己正遭到審問。」沒有人喜歡浪費自己的時間，藉由問問題的過程，面試官清楚感受到翠西也同樣重視他們的時間。

本書中，我考慮到了其中的權力分配，仔細篩選了所有我建議你在第三和第四階段提出的「真實對話」問題。你的目標不是讓人覺得你強硬，而是展現你真正想了解彼此是否適合，這也是你對話的對象所追求的目標。

在對話過程中，我建議你運用心理治療師和人際關係專家埃絲特・佩雷爾（Esther Perel）提出的「調查性問題」：內容具體，且能觸及你需要了解的核心問題。埃絲特談到，該如何藉由這類問題幫助伴侶走出過去的關係，而這邏輯同樣也適用於從失敗的工作關係中走出來。如果直言不諱讓你感到緊張，請記住：談話中的所有參與者都希望能和睦相處，而辨認出你是否擁有這種特質的唯一方法，就是從一開始就保持開放和坦誠。

致謝

首先，衷心感謝我的編輯莉迪亞・雅迪（Lydia Yadi）。她在本書還僅有雛形的時候，就看出了它的潛力。我會永遠感謝莉迪亞對細節的在乎，以及她督促我換位思考的用心，讓我思考這本書會帶給讀者什麼體驗。從命名本書到該納入哪些研究，若沒有莉迪亞，本書就不會以目前的樣子出現在大家眼前。她是一位優秀出色的編輯。

我還想感謝另一位編輯梅根・麥科馬柯（Megan McCormack）。她經過深思熟慮的清晰評論，讓我牢牢抓住靈感，得以捕捉人們在工作中的情感體驗。梅根在整個寫作過程中提醒我，與工作或職業的關係就像任何其他類型的關係一樣，也幫助我指出在書中需要提醒讀者的地方。

寫一本內含大量全新數據的書需要團隊合作，而我的團隊中有一位不可或缺的成員：昆西．皮亞特。昆西不僅幫助我寫程式和做書中的研究，還在緊迫的時間限制內，提前預測了我的需要。我常常覺得在研究過程中，昆西就像一隻無形的大手在支撐著我，讓我不會跌倒。

我的研究生（以前和現在的學生都是）是我作為研究者的創意來源，很多他們的傑出工作成果都融入了本書中。感謝瓦娜．杜米德魯，她所撰寫關於地位和新進員工的團隊經歷該篇論文，對「被低估的明星」一章十分重要。感謝卡莉娜．戴爾．羅薩里奧（Kareena del Rosario），她在生理學和壓力方面的研究，以及壓力對日常生活及如何與他人合作的影響，對本書的思考有很大影響。

我為本書訪問了很多人，從願意分享行業技巧的招募人員與經理，到願意分享經驗的轉職者和求職者，還有分享獨特見解的學者，都提供了寶貴看法。時間是非常寶貴的資產，我會永遠感謝這些人為我付出了他們的時間。

感謝我的家人，我在奇怪的地點和時間寫作時，仍然耐心陪伴我。這情況甚至不止一次在家庭假期時發生，他們仍耐心十足。

最後但同樣重要的是，我要感謝我的經紀人納薩尼爾．傑克斯（Nathaniel

Jacks），他耐心接納我不成熟的想法，更幫助我將這些想法化為現實，更始終支持著我的工作。如果沒有他，我現在也不會成為作家。

高寶書版集團
gobooks.com.tw

新視野 NewWindow306
有問題的不是你，而是你的工作：看見 5 個轉職訊號，4 步驟終結內耗，拿回人生選擇權
Job Therapy: Finding Work That Works for You

作　　者　泰莎・韋斯特 Tessa West
譯　　者　吳文瑾
主　　編　吳珮旻
編　　輯　鄭淇丰
封面設計　林政嘉
內頁排版　賴姵均
企　　劃　陳玟璇
版　　權　劉昱昕

發 行 人　朱凱蕾
出　　版　英屬維京群島商高寶國際有限公司台灣分公司
GlobalGroupHoldings,Ltd.
地　　址　台北市內湖區洲子街 88 號 3 樓
網　　址　gobooks.com.tw
電　　話　(02)27992788
電　　郵　readers@gobooks.com.tw（讀者服務部）
傳　　真　出版部 (02)27990909　行銷部 (02)27993088
郵政劃撥　19394552
戶　　名　英屬維京群島商高寶國際有限公司台灣分公司
發　　行　英屬維京群島商高寶國際有限公司台灣分公司
法律顧問　永然聯合法律事務所
初版日期　2025 年 06 月

國家圖書館出版品預行編目（CIP）資料

有問題的不是你，而是你的工作：看見 5 個轉職訊號，4 步驟終結內耗，拿回人生選擇權 / 泰莎．韋斯特 (Tessa West) 著；吳文瑾譯．-- 初版．-- 臺北市：英屬維京群島商高寶國際有限公司臺灣分公司，2025.06
面；　公分．--(新視野 306)

譯自 :Job therapy : finding work that works for you

ISBN 978-626-402-278-1(平裝)

1.CST: 工作心理學　2.CST: 職場成功法

176.76　　114007030

GOBOOKS
& SITAK
GROUP©